insel taschenbuch 5025

Neue Wege gehen

Wenn mal nichts mehr zu gehen scheint, kann man immer noch eines machen: gehen. Dafür muss man bloß die alten Pfade verlassen und neue Wege beschreiten, denn nur so kann man seinen Kopf freibekommen, den Blick weiten und die Welt und sich dann mit anderen Augen sehen: »Zu gehen verschafft ein Gefühl von Freiheit.« (Erling Kagge)

Über das Glück des Gehens und »das große Geheimnis, das alle, die gehen, miteinander teilen«, über den Mut, sich auf Unbekanntes einzulassen, Veränderung in der Liebe, in der Freundschaft, im Leben zu wagen und sich dabei selbst neu kennenzulernen und zu innerer Ruhe zu gelangen – davon erzählen und dazu ermuntern Isabel Allende, Peter Bichsel, Lily Brett, Sigrid Damm, Elena Ferrante, Hermann Hesse, Mascha Kaléko, Katherine May, Cees Nooteboom, Brian Sewell, Eva Strittmatter, Robert Walser u. v. a.

Neue Wege gehen

Geschichten und Gedichte zum Überwintern

Ausgewählt von Clara Paul

Insel Verlag

Klimaneutral
Druckprodukt
ClimatePartner.com/14438-2110-1001

2. Auflage 2023

Erste Auflage 2023
insel taschenbuch 5025
Originalausgabe

Quellennachweise am Schluss des Bandes
Umschlagillustration: Henrike Wilson, Berlin
Satz: Satz-Offizin Hümmer GmbH, Waldbüttelbrunn
Druck: CPI books GmbH, Leck
Printed in Germany
ISBN 978-3-458-68325-4

www.insel-verlag.de

Inhalt

Das reine Gehen

Existenzielle Wegesucher

Wahre Geschichten

Es genügt, eine Seitenstraße zu beschreiten

Auswege

Das reine Gehen

»Folge deiner Spur! (Eins der 11. Gebote)«

Peter Handke

Antonio Machado
Der Wanderer

Wanderer, deine Spuren sind
der Weg, und sonst nichts;
Wanderer, es gibt keinen Weg,
der Weg entsteht im Gehen.
Im Gehen entsteht der Weg,
und wenn man den Blick zurückwirft,
sieht man den Pfad, den man
nie wieder betreten wird.
Wanderer, es gibt keinen Weg,
nur Kielwasser im Meer.

Robert Moor
Warum wandern wir?

Ich habe diese Frage vielen Wanderern gestellt und nie eine wirklich überzeugende Antwort bekommen. Offenbar gibt es viele Gründe, die sich teilweise überschneiden: um unseren Körper zu stärken, um mit Freunden zusammen zu sein, um in die Wildnis einzutauchen, uns lebendiger zu fühlen, zu erobern, zu leiden, zu büßen, nachzudenken, zu genießen. Allerdings glaube ich, was wir Wanderer am allermeisten suchen, ist Einfachheit – die Flucht vor den verzweigten Pfaden im Garten der Zivilisation.

Das Schöne am Wandern ist, dass es uns enge Grenzen setzt. Jeden Morgen habe ich nur zwei Möglichkeiten: weitergehen oder aufhören. Habe ich diese Entscheidung getroffen, ergeben sich alle anderen von selbst (wann ich esse, wo ich schlafe). Für die Kinder des Landes der unbegrenzten Möglichkeiten – die von allen Seiten vom »Auswahlparadoxon« bedrängt werden, wie es der Psychologe Barry Schwartz nennt – ist die neu entdeckte Freiheit von diesen Wahlmöglichkeiten eine enorme Erleichterung.

Diese Form der Freiheit ist wahrlich kurios, sie erweitert unsere Möglichkeiten und beschränkt sie zugleich. Seit Amerika seine Unabhängigkeit von England erklärt hat, inszeniert es sich als Heimat des Einzelnen und frei

Handelnden. Diese Ungebundenheit symbolisiert und verkörpert das Wandern. Thoreau hat das einprägsam in Worte gefasst: »Wenn Sie bereit sind, Vater und Mutter, Bruder und Schwester, Frau und Kind und Freunde zu verlassen und nie mehr wiederzusehen, wenn Sie Ihre Schulden bezahlt, Ihr Testament gemacht und alle Ihre Angelegenheiten geregelt haben, wenn Sie also ein freier Mann sind, erst dann sind Sie bereit, hinauszugehen.« Diese Reduzierung ist es, die das Wandern so befreiend macht. Wenn wir gehen, bekommen wir mehr von weniger.

Erling Kagge

Das große Geheimnis

Zu gehen verschafft ein Gefühl von Freiheit. Es ist das Gegenteil von »schneller, höher, weiter«. Alles bewegt sich langsamer, wenn ich gehe, die Welt scheint sanfter zu werden, und eine kurze Weile lebe ich nicht durch die alltäglichen Verrichtungen, wie daheim aufzuräumen, an Sitzungen teilzunehmen oder Manuskripte zu lesen. Zu gehen ist ein Freiraum. Die Meinungen, die Erwartungen und die Launen der Familie, der Kollegen und Bekannten werden für einige Minuten oder einige Stunden unwichtig. Ich spüre, dass ich das Zentrum meines eigenen Lebens bin, und kann mich gleich darauf selbst vollkommen vergessen.

Jeder glaubt zu wissen, dass Zeit gespart wird, wenn man von einem Ort zum anderen statt acht nur zwei Stunden unterwegs ist. Ja, mathematisch ist das sicher korrekt, aber meine Erfahrung ist eine andere: Die Zeit vergeht rascher, wenn ich das Tempo erhöhe. Die Geschwindigkeit, mit der ich unterwegs bin, passt sich an die Zeit an. Eine Stunde, die man gehend verbringt, vergeht schneller als eine Stunde auf der Uhr. Wenn ich mich unnötig beeile, kommt selten etwas Sinnvolles dabei heraus.

Wenn man mit dem Auto auf einen Berg zufährt und sieht, wie kleine Bäche, Hügel, Steine, Mose und Bäume an einem vorbeisausen, wird das Leben kürzer. Man spürt den Wind, die Gerüche, das Wetter und die Veränderungen des Lichts nicht. Die Füße werden nicht wund. Alles geht ineinander über.

Nicht nur die Zeit wird eingeschränkt, sobald die Geschwindigkeit erhöht wird, auch das Gefühl für den Raum. Plötzlich ist man am Fuße des Berges. Das Erlebnis der Entfernung verschwindet. Am Ziel meint man möglicherweise, viel erlebt zu haben. Ich bezweifle es.

Wenn man dieselbe Strecke *geht* und einen Tag anstelle einer halben Stunde unterwegs ist, wenn man ruhiger atmet, lauscht, den Boden unter den Füßen spürt, wird es ein ganz anderer Tag. Stück für Stück wächst der Berg, und man hat das Gefühl, als würde die Umgebung größer. Mit all den Dingen um sich herum vertraut zu werden, braucht Zeit. Als würde man eine Freundschaft aufbauen. Der Berg dort vorn, der sich langsam verändert, je näher du ihm kommst, wird zu einem guten Freund, noch bevor du ihn erreichst. Deine Augen, Ohren, Nase, Schultern, Bauch und Beine sprechen zu dem Berg, und der Berg antwortet. Die Zeit dehnt sich aus, du zählst sie nicht mehr in Minuten und Stunden.

Und genau hier liegt das große Geheimnis, das alle, die gehen, miteinander teilen: Das Leben dauert länger, wenn man geht. Gehen verlängert jeden Augenblick.

*

Bei so vielen Dingen in unserem Leben geht es um hohes Tempo. Gehen tut man langsam. Und ist damit das Radikalste, was du tun kannst.

*

Ich habe mich so oft verirrt, dass ich mir Gedanken darüber mache, ob ich tief in meinem Inneren diese Unsicherheit nicht suche und das kleine Mysterium genieße, wenn ich nicht weiß, wo ich mich gerade befinde. Wenn ich Google Earth nutze, ist das meiste vorhersehbar. Bisweilen ertappe ich mich dabei, dass ich mehr auf das Display als auf meine Umgebung achte. Also lasse ich die Elektronik zu Hause und hebe stattdessen den Blick. So lerne ich meine Umgebung, eine Stadt oder einen Wald kennen.

Wie mein Bruder Gunnar es ausgedrückt hat – wir waren vielleicht acht und elf Jahre alt und hatten uns in der Østmarka verirrt: »Hier habe ich mich schon einmal verirrt, ich weiß jetzt, wo wir sind.«

*

Der Herzchirurg Magdi Habib Yacoub, ein in England lebender ägyptischer Einwanderer, geht jeden Tag spazieren. Eines Abends stießen wir auf dem Weg aus einem Hotel am Genfer See beinahe zusammen. Noch immer kann ich mich an den Blick über den schönen, von Bergen umgebenen See im Abendlicht erinnern, wir blieben stehen und sahen es uns einfach an. Er erklärte, dass er drei bis vier Kilometer gehen müsse, bevor er sich schlafen lege, und ich hatte dasselbe vor. Also gingen wir gemeinsam.

Für mich war es ein Glücksfall.

Ich fragte Yacoub nach seiner Arbeit, und er erzählte, dass er ungefähr zwanzigtausend Operationen am offenen Herzen durchgeführt habe. Andere Ärzte sägen für ihn das Brustbein auf und ziehen den Brustkasten auseinander, dann wird das Herz und die Atmung des Patienten für kurze Zeit gestoppt, damit Yacoub die eigentliche Operation am Herzen ausführen kann, um dann den Operationssaal zu verlassen und zum nächsten Patienten zu gehen, der mit offener Brust auf ihn wartet. Normalerweise sind es fünf Operationen pro Tag.

Neun Jahre zuvor hatte er einem zwei Jahre alten Mädchen ein neues Herz eingepflanzt. Während der Operation hatte er ihr eigenes Herz abgetrennt, es aber in ihrem Körper belassen. Acht Jahre später stellte das neue Herz seine Tätigkeit ein. Erneut ging es um Leben oder Tod, und Yacoub wurde hinzugezogen. Er trennte das verpflanzte Herz ab und verband das eigene Herz des Mädchens wieder mit ihrem Kreislauf. Es war in der Zwischenzeit gewachsen und hatte sich in ihrem Körper erholt. Zum ersten Mal war eine derartige Operation gelungen. Das Mädchen war kurz darauf wieder bei Kräften. Heute ist sie verheiratet und hat selbst Kinder.

Ich wollte wissen, was er durch sein Studium von mehreren tausend schlagenden menschlichen Herzen gelernt hatte. Yacoub warf mir einen raschen Blick zu und sagte dann prompt: »Jeden Tag spazieren gehen.« Er versicherte mir, dass dieser Ratschlag niemals aus der Mode kommen würde. Yacoub sagte eigentlich genau das, was auch meine Großmutter gespürt hat und die Menschen seit mehreren tausend Jahren wissen. Hippokrates, der Vater der modernen Medizin, hatte diese Erkenntnis bereits vor zweitausendvierhundert Jahren. Er warnte bereits damals vor falschen Medikationen der Ärzte und betonte, dass kein Medikament besser sei, als einen Fuß vor den anderen zu setzen. »Gehen ist des Menschen beste Medizin.« Ich halte es für selbstverständlich, dass das Gehen eine weit größere Bedeutung für die Volksgesundheit hat als alle Medikamente, die im Laufe der Zeit eingenommen wurden.

*

In einem Park oder einem Wald spazieren zu gehen, einen ruhigen Platz zu finden und mich auf den Rücken zu legen, wenn ich erschöpft bin, ist mitunter das Schönste, was es gibt. Die Bäume ansehen, die sich rundum erheben, und entspannen. In Japan wurde dieses Gefühl 1982 mit einem Begriff versehen. *Shinrin-yoku. Wald-*

baden. Eine Therapie, die Waldtherapie, um sich zu beruhigen. Alle fünf Sinne werden befriedigt: vom Zwitschern der Vögel, vom Aroma der guten Luft, vom Anblick grüner Blätter und der physischen Nähe von Bäumen, Pflanzen, Moosen und Gras und dem Geschmack von Beeren und Pilzen.

Wissenschaftler der Universität Chiba haben in den letzten Jahren sowohl die physischen wie die psychischen Effekte untersucht. Die Resultate zeigen, dass Waldbaden zu Wohlbehagen führt und sich mildernd auf Stress und Blutdruck auswirkt. »Wir sind geschaffen, um uns in natürlichen Umgebungen zurechtzufinden«, fasst es der Wissenschaftler Yoshifumi Miyazaki zusammen.

Zu meiner Überraschung fanden die Wissenschaftler auch heraus, dass durch die Zeit, die man unter Bäumen verbringt, das Immunsystem gestärkt, die Verdauung verbessert und der Cholesterinspiegel gesenkt werden kann – es ist eine Art vorbeugende Medizin. Einzelne Bäume und Pflanzen geben Phytonzide ab, antimikrobielle ätherische Öle, die sie gegen Bakterien und Insekten schützen. Halten wir uns in der Nähe dieser Bäume und Pflanzen auf, nehmen wir diesen Stoff ebenfalls auf und erzielen einen ähnlichen Effekt. Auf der Basis dieser und anderer Forschungsergebnisse wurden in Japan eine Reihe sogenannter Therapiepfade angelegt, weitere sind in Planung.

Henry David Thoreau beschrieb *Shinrin-yoku* bereits,

einhunderteinundfünfzig Jahre bevor der Begriff erfunden wurde, in seinem Buch *Vom Spazieren*: »Ich glaube, daß ich meine körperliche und geistige Gesundheit nur bewahre, indem ich täglich mindestens vier, gewöhnlich jedoch mehr Stunden damit verbringe, absolut frei von allen Forderungen der Welt durch den Wald und über Hügel und Felder zu schlendern.« Zu allem Überfluss behauptete er, sich in eine Eiche verliebt zu haben. Eine gute Wahl, wenn man sich einen Baum aussuchen müsste. »Schließlich hörte ich süße Musik. Ich hatte mich in eine Busch-Eiche verliebt.« Thoreau ließ sich dermaßen von seinen eigenen Gedanken hinreißen, dass er schließlich denen, die nicht so wanderten wie er, »wenig Anerkennung zollte, daß sie nicht längst alle Selbstmord begangen hätten«.

Ich schätze die Nähe von Bäumen sehr. Dieselbe Ruhe, die ich im Wald erlebe, überkommt mich, wenn ich mich auf einen Felsen am Meer lege, in einen Park oder auf ein Polster aus weichem Moos oberhalb der Baumgrenze. Wenn ich dort nach einer Wanderung liege, bin ich überzeugt, dass das Beste im Leben umsonst ist.

Robert Moor

Das reine Gehen

Als ich meine Wandergefährten besser kennenlernte – ein bunter Haufen von Freiheitssuchern, Naturanbetern und Mondsüchtigen –, kam es mir plötzlich merkwürdig vor, dass wir uns alle aus freien Stücken demselben Wanderweg, dem Appalachian Trail, anvertraut hatten. Die meisten sahen in dieser Wanderung ein Intermezzo ungezügelter Freiheit, ehe sie wieder in das Korsett des Erwachsenenlebens zurückkehrten, das sie immer enger einschnürte. Aber wie sich herausstellte, findet man die Freiheit nicht auf einem Pfad. Eher ist das Gegenteil der Fall – ein Pfad ist eine diskrete Minimierung von Möglichkeiten. Die Freiheit des Pfades ist flussartig, nicht ozeanisch.

Um es einmal ganz schlicht zu sagen: Ein Pfad ist ein Weg, um sich die Welt zu erschließen. Man kann eine Landschaft auf die unterschiedlichsten Arten durchqueren; die Möglichkeiten sind überwältigend, der Stolperfallen viele. Die Funktion eines Pfades besteht darin, dieses ausufernde Chaos auf eine einzige lesbare Linie zu reduzieren. Die alten Weisen und Propheten – die zumeist zu einer Zeit lebten, da Fußpfade die Hauptverkehrswege darstellten – waren sich dessen zutiefst bewusst. Deshalb beschwören auch die Gründungstexte fast aller großen Religionen die Metapher des Weges.

Zarathustra sprach von den »Pfaden« der Ermöglichung, der Erhöhung und der Erleuchtung. Die alten Hindus schrieben drei *margas* vor, drei Pfade, auf denen die Befreiung der Seele zu erreichen sei. Siddhārtha Gautama predigte den *āryāstāngamārga,* den Edlen Achtfachen Pfad. Tao bedeutet wörtlich »Pfad«. Das hebräische Wort für das jüdische Gesetz, Halacha, heißt »Gehen«; das arabische Wort für das islamische Recht, Scharia, bedeutet wörtlich »der Pfad zur Wasserstelle«. Auch die Bibel ist voller Pfade: »Fragt nach den Wegen der Vorzeit, welches der gute Weg sei, und wandelt darin, so werdet ihr Ruhe finden für eure Seele!«, befahl der Herr den Götzendienern. (Worauf sie antworteten: »Wir wollen's nicht tun!«)

Viele Wege, sagen die überkonfessionellen Propheten, führen den Berg hinauf. Solange ein Pfad mir hilft, mich in der Welt zurechtzufinden und das Gute zu suchen, ist er per Definition von Wert. Nur selten trifft man auf einen geistlichen Führer, der predigt, es gebe *keine* Wege zur Erleuchtung. Manche Zen-Meister kamen dem zwar nahe, aber selbst der große Dōgen erklärte, Meditation sei »der direkte Pfad des Buddha-Wegs«. Die einzige Ausnahme ist der indische Philosoph Jiddu Krishnamurti. »Die Wahrheit ist ein pfadloses Land«, heißt es bei ihm. »Autoritäten gleich welcher Art sind, gerade auf dem Feld des Denkens und Verstehens, das Übelste und Schädlichste, was es gibt.« Kaum überraschend zog sein Weg der Weglosigkeit weniger Anhänger an als die beruhigend ausführlichen Anweisungen eines Mohammed oder Konfuzius. Die meisten Menschen, die sich im Jammertal des Lebens verloren fühlen, ziehen die einengende Beschränktheit eines einzelnen Weges der verwirrenden Freiheit ungekennzeichneter Wildnis vor.

Mein spiritueller Weg – so ich denn einen ging – war der Trail selbst. Für mich war das Fernwandern eine geerdete, aufs Wesentliche reduzierte Gehmeditation amerikanischer Prägung. Der mich einschränkende Weg machte meinen Geist frei für kontemplative Tätigkeiten. Meine aus dem Stegreif entworfene Wegreligion verfolgte das Ziel, dass ich mich ungehindert bewegen, einfach leben, von der Wildnis lernen und in Ruhe den beständigen Fluss der Erscheinungen betrachten konnte. Unnötig zu erwähnen, dass ich in fast jeder Hinsicht scheiterte. Als ich kürzlich noch einmal in meinem Tagebuch blätterte, stellte ich fest, dass ich die meiste Zeit auf Nörgeln, Tagträumen, logistische Sorgen und An-Essen-Denken verwandt hatte, anstatt meine Tage in einem Zustand gelassener Beobachtung zu verbringen. Erleuchtet wurde ich nicht. Aber alles in allem war ich doch glücklicher und gesünder als je zuvor in meinem Leben.

In den ersten Monaten steigerte ich mein Tempo allmählich von fünfzehn auf zwanzig, dann fünfundzwanzig und schließlich dreißig Kilometer am Tag. Als ich über die relativ niedrigen Berggrate von Maryland, Pennsylvania, New Jersey, New York, Connecticut und Massachusetts wanderte, wurde ich sogar noch schneller. In Vermont schaffte ich an die fünfzig Kilometer am Tag. Im Gehen wurde mein Körper für die Aufgabe des Gehens gerüstet. Meine Schritte wurden länger. Aus Blasen wurden Schwielen. Jedes überflüssige Fett und einiges an Muskeln in Brennstoff umgewandelt. Dabei gab es in der Maschine immer ein, zwei Bauteile, die nach Wartung schrien – ein entzündeter Knöchel, eine wundgeriebene Hüfte. Doch an den seltenen Tagen, an denen alles lief wie geschmiert, kam mir das Gehen auf dem Trail vor, als schösse ich im Sportwagen über eine leere Fernstraße: das perfekte Zusammenspiel von Herausforderung und Instrument.

Auch geistig veränderte ich mich, fast unmerklich. Nimblewill Nomad, ein legendärer alter Wanderer, erzählte mir, achtzig Prozent der Wanderer, die den Appalachian Trail in voller Länge hatten gehen wollen und aufgaben, täten es nicht aus körperlichen, sondern aus mentalen Gründen. »Sie kommen einfach nicht mit der Stille klar, über Tage, Wochen und Monate. Das ist eine echte Herausforderung«, sagte er.

Widerwillig lernte ich, die mönchische Stille der östlichen Wälder anzunehmen. An manchen Tagen glitt ich nach vielen gelaufenen Kilometern in einen Zustand fast vollkommener geistiger Klarheit – gleichmütig, kristallen, gedankenlos. Es war, wie die Zen-Weisen sagen, das reine Gehen.

Der Trail hinterlässt beim Wanderer Spuren: Meine

Beine wurden zu einer Landkarte aus schwarzen Schürfwunden und bluteglig rosa Narben. Kraterähnliche Löcher klafften in meinen Wanderschuhen, Socken und Füßen. Durch die monatelange Reibung und den zersetzenden Schweiß löste sich mein T-Shirt auf. Wenn ich mir an den Rücken fasste, spürte ich, dass meine Schulterblätter wie aufgehende Flügel durch den abgewetzten Stoff stießen.

Gleichzeitig fiel mir auf, dass auch wir Wanderer den Trail veränderten. Zum ersten Mal bemerkte ich es, als ich an den Berghängen die steilen Serpentinen hinaufstieg. Ist ein Weg zu kurvenreich, nehmen Wanderer beim Abstieg gern Abkürzungen. Auch fiel mir auf, dass sich Wanderer in sumpfigen Gegenden immer möglichst trockenen Untergrund suchen, weshalb sich der Weg in mehrere Stränge teilte. Offenbar gab es einen grundlegenden Unterschied zwischen den Vorstellungen derer, die den Trail entworfen hatten, und derer, die ihn wanderten. Als ich später einmal ehrenamtlich beim Wegebau aushalf, erfuhr ich auch den Grund dafür: Wanderer suchen für gewöhnlich den Weg des geringsten Widerstands; Wegebauer dagegen versuchen, Wege so anzulegen, dass sie nicht erodieren, empfindliche Pflanzen schonen und nicht über Privatgelände führen. Nachdem in den USA den Wanderern zwanzig Jahre lang das Prinzip »keine Spuren hinterlassen« eingetrichtert worden ist, haben sich die beiden widerstrebenden Auffassungen zumindest wieder angenähert. Doch selbst wer gewissenhaft im Wegebett bliebe, würde den Pfad trotzdem verändern, weil jeder Schritt eines Wanderers zum Fortbestand des Pfades beiträgt. Würde alle Welt plötzlich beschließen, nicht mehr über den Appalachian Trail zu gehen, würde er überwuchert und irgendwann verschwinden.

An dieser Stelle gerät die Vorstellung vom spirituellen Pfad, wie er in unzähligen heiligen Büchern dargestellt wird, ins Wanken: In den Schriften wird er gern als ein unveränderlicher Weg zur Weisheit dargestellt, der uns von oben herabgesandt wurde. Aber Pfade sind wie Religionen selten starr. Sie unterliegen ständiger Wandlung – werden breiter oder enger, teilen oder verbinden sich –, abhängig davon, ob und wie Wanderer sie benutzen. Religiöse Wege und Wanderwege entstehen, wie die Taoisten sagen, indem man sie geht.

Pfade bilden sich durch Benutzung aus. Dauerhafte Pfade müssen demnach *von Nutzen* sein. Sie bleiben bestehen, weil sie einen begehrenswerten Ort mit einem anderen verbinden: einen Unterstand mit einer Süßwasserquelle, ein Haus mit einem Brunnen, ein Dorf mit einem Hain. Da sie ein gemeinschaftliches Verlangen ausdrücken und erfüllen, existieren sie, solange dieses Verlangen besteht; wenn es vergeht, vergeht auch der Weg.

In den 1980er-Jahren untersuchte Klaus Humpert, der als Professor für Stadtplanung an der Universität Stuttgart lehrte, einige Trampelpfade, die auf den Grünflächen des Campus als Abkürzung zwischen den gepflasterten Wegen entstanden waren. Er führte ein Experiment durch und tilgte die informellen Fußpfade des Campus, indem er auf ihnen neuen Rasen pflanzte. Wie erwartet, tauchten an exakt denselben Stellen sehr bald neue Pfade auf.

Diese spontan entstehenden Wege, die es überraschend oft gibt, heißen »Wunschlinien«. Man findet sie in den Parks aller größeren Städte der Welt, wo sie die beklagenswert ineffizienten rechten Winkel abkürzen. Auf Satellitenbildern habe ich selbst in den Hauptstädten der repressivsten Länder Wunschlinien gesehen – in Pjöngjang, in Naypyidaw, in Aşgabat. Verständlicherweise werden sie von diktatorischen Architekten genauso gehasst wie von den Diktatoren. Eine Abkürzung ist gleichsam ein geografisches Graffito, das auf das Versagen des autoritären Regimes hinweist, unsere Bedürfnisse vorauszusagen und unsere Wünsche zu kontrollieren. Stadtplaner versuchen manchmal, Wunschlinien mit Gewalt zu verhindern. Aber diese Taktik ist zum Scheitern verurteilt – Hecken werden niedergetrampelt, Schilder ausgerissen, Zäune umgelegt. Ein kluger Gestalter geht nicht gegen, sondern mit den Bedürfnissen.

Wenn ich früher im Wald oder im Stadtpark einen ungekennzeichneten Pfad sah, fragte ich mich, wer wohl der Urheber war. Mit der Zeit lernte ich, dass es sich für gewöhnlich nicht um eine einzelne Person handelte. Ein Weg bildet sich heraus. Jemand sieht eine Schwierigkeit, nimmt einen ersten Anlauf, dann kommt ein anderer, dann noch ein anderer, und schrittweise verbessert sich der Weg.

Hans Magnus Enzensberger

Über die Unbelehrbarkeit derer, die Edikte erlassen

Eine Großstadt plant einen neuen Park. Die Einwohner freuen sich. Wer ist zuständig? Der Stadtrat. Das Baureferat. Der Stadtkämmerer. Die Experten für Wasser, Tiefbau und Verkehr. Die Stadtgärtnerei. Alle reden mit. Das kann dauern. Endlich werden die Aufträge an den oder die Landschaftsarchitekten vergeben.

Das Wegenetz wird am Reißbrett entworfen. Die Kriterien sind unklar. Kommunikation, aber für wen? Abwechslungsreich, womöglich pittoresk, naturnah? Für Familien, Touristen, Radfahrer geeignet? Autogerecht, zumindest für irgendeine Buslinie, unbedingt aber für die Polizei, die Feuerwehr und nicht zuletzt für den Fahrzeug- und Maschinenpark der Administration.

Das Ergebnis ist ein Kompromiss, den die beteiligten Behörden unter sich aushandeln. Die Besucher des Parks werden nicht gefragt. Sofort bilden sich Trampelpfade neben den von den Planern ersonnenen Wegen und Abkürzungen, die kreuz und quer zu ihnen verlaufen. Vorhandene Barrieren werden ignoriert oder überwunden.

Aus diesen Erfahrungen lernt keine Behörde. Der stumme Kampf um den Park zieht sich jahrzehntelang hin. Hartnäckig halten die Planer an ihren Vorstellungen fest. Die Besucher stören das Konzept. Aber ihre Selbstorganisation ist renitent. So entsteht neben dem offiziellen Wegenetz ein zweites, das eine spontane Vitalität an den Tag legt und alle Verordnungen und Satzungen Lügen straft.

Dieses Modell ist auf alle Regierungen dieser Welt übertragbar.

Peter Handke

Gehsegen

»Die Vergnügungsreise ist zu Ende. Ab jetzt beginnt der Fußweg. Ab hier werden wir gehen, nicht fahren. In all den Fahrzeugen gibt es keinen Aufbruch, keine Ortsveränderung, kein Gefühl einer Ankunft. Im Fahren, auch wenn ich selber lenkte, kam ich nie so recht mit. Im Fahren war das, was mich erst ausmacht, nie dabei. Im Fahren werde ich beschränkt auf eine Rolle, die mir widerspricht: im Auto die einer Hinterglasfigur, auf dem Rad die eines Lenkstangenhalters und Pedaltreters. Gehen. Die Erde treten. Freihändig bleiben. Ganz aus eigenem Schaukeln. Fahren und gefahren werden nur in der Not. An den Orten, zu denen ich gefahren wurde, bin ich nie gewesen. Nur durch das Gehen lässt sich etwas davon wiederholen. Nur im Gehen öffnen sich die Räume und tanzen die Zwischenräume! Nur im Gehen drehe ich mich mit den Äpfeln im Baum. Nur dem Gehenden wächst ein Haupt auf den Schultern. Nur der Gehende erfährt die Ballen an seinen Füßen. Nur der Geher spürt einen Zug durch den Körper. Nur der Geher erfasst den hohen Baum im Ohr – die Stille! Nur der Geher holt sich ein und kommt zu sich. Nur was der Geher denkt, gilt. Wir werden gehen. Es will gegangen werden! Und ihr sollt nicht gehen wie die meisten, denen man ansieht, dass ihr Gehen nur notgedrungen und zufällig ist. Das

Gehen ist das freieste Spiel. Auf jetzt. Weg hier. Der Segen des Orts gilt nur für die Reise. Der Segen des Orts ist ein Gehsegen. O mein unsterblicher Appetit auf das Gehen, auf das Zum-Ort-Hinaus-Gehen, auf das Ewig-So-Weitergehen!«

Existenzielle Wegesucher

»Das Leben jedes Menschen ist ein Weg zu sich selber hin, der Versuch eines Weges, die Andeutung eines Pfades.«

Hermann Hesse, Demian

Rainer Maria Rilke

Notizen zur Melodie der Dinge

I. Ganz am Anfang sind wir, siehst du.
Wie vor Allem. Mit
Tausend und einem Traum hinter uns und
ohne Tat.
II. Ich kann mir kein seligeres Wissen denken,
als dieses Eine:
dass man ein Beginner werden muss.
Einer, der das erste Wort schreibt hinter einen
jahrhundertelangen
Gedankenstrich

Robert Frost

Der unbegangene Weg

In einem gelben Wald, da lief die Straße auseinander,
und ich, betrübt, dass ich, ein Wandrer bleibend, nicht
die beiden Wege gehen konnte, stand
und sah dem einen nach, so weit es ging:
bis dorthin, wo er sich im Unterholz verlor.

Und schlug den andern ein, nicht minder schön als jener,
und schritt damit auf dem vielleicht, der höher galt,
denn er war grasig und er wollt begangen sein,
obgleich, was dies betraf, die dort zu gehen pflegten,
sie beide, den und jenen, gleich begangen hatten.

Und beide lagen sie an jenem Morgen gleicherweise
voll Laubes, das kein Schritt noch schwarzgetreten
hatte.
Oh, für ein andermal hob ich mir jenen ersten auf!
Doch wissend, wie's mit Wegen ist, wie Weg zu Weg
führt,
erschien mir zweifelhaft, dass ich je wiederkommen
würde.

Dies alles sage ich, mit einem Ach darin, dereinst
und irgendwo nach Jahr und Jahr und Jahr:
Im Wald, da war ein Weg, der Weg lief auseinander,

und ich – ich schlug den einen ein, den weniger
begangnen,
und dieses war der ganze Unterschied.

Robert Moor
Existenzielle Wegesucher

Wir bewegen uns durch diese Welt auf Wegen, die weit vor unserer Geburt entstanden sind. Vom ersten Atemzug an steht uns ein breites Arsenal von Wegen offen – »spirituelle Wege«, »Karrierewege«, »philosophische Wege«, »künstlerische Wege«, »Wege zum Wohlbefinden«, »Tugendwege« –, die wir unserer Familie, unserer Gesellschaft, unserer Art verdanken. Dass in all diesen Fällen von einem Weg gesprochen wird, ist kein Zufall. Ähnlich wie physische Wege leiten und beschränken diese abstrakten Wege unsere Handlungen – sie führen uns stufenweise zu unserem erhofften Ziel und Ende. Ohne diese Wege müssten wir uns alle, ums Überleben ringend, durch die Wildnis des Lebens schlagen, würden immer wieder dieselben grundlegenden Fehler machen und immer wieder dieselben Lösungen finden.

Nur einen Haken hat die Angelegenheit: Woher sollen wir wissen, welchen Weg wir einschlagen sollen? Der Essayist James Fitzjames Stephen erfasst dieses Dilemma anschaulich: »Wir stehen auf einem Gebirgspass, der Schnee wirbelt um uns herum, der Nebel nimmt uns die Sicht, und nur da und dort erhaschen wir einen Blick auf einen Weg, was aber auch eine Täuschung sein könnte. Bleiben wir stehen, erfrieren wir. Schlagen wir den falschen Weg ein, werden wir zerschmettert. Dabei wissen wir nicht einmal, ob es überhaupt einen richtigen Weg gibt. Was sollen wir also tun?«

Selbst bei nur oberflächlicher Lektüre der antiken Philosophen stellt man fest, dass es noch nie einfach gewesen ist, einen Weg durchs Leben zu wählen. Aber es wird immer schwieriger. Durch die rapiden Veränderungen in Technologie, Kultur, Bildung, Politik, Handel und Transport steht den Menschen ein Spektrum an Lebensweisen zur Verfügung, wie es früher undenkbar war. Das ist im Großen und Ganzen eine positive Entwicklung, der Beweis, dass sich unsere Lebenswege weiterentwickeln und immer mehr unseren unterschiedlichen Wünschen entsprechen. Dieser Wandel – so stockend, langsam und ungleich er sein mag – hat jedoch den Nebeneffekt, dass unsere Möglichkeiten immer weiter zunehmen, bis sie uns überfordern.

Nehmen wir nur die banale Frage, wie man »seinen Lebensunterhalt bestreitet«. In den Anfangstagen der Menschheit gab es darauf vermutlich nur eine Antwort: Pflanzen sammeln und Fleisch ergaunern. An diesen Tätigkeiten nahmen alle gleichermaßen teil. Später kamen dann einige Spezialisierungen hinzu: erst die Erfindung der Jagd, dann Medizin, Schamanentum, Kunst und Landwirtschaft. Die »Standardliste der Berufe« – ein fünftausend Jahre alter Katalog aus dem antiken Mesopotamien – verzeichnete in absteigender Reihenfolge vom König bis hinab zu irgendeinem bislang unübersetzbaren, aber ganz gewiss unangenehmen Job hundertzwanzig verschiedene Berufe, die man ergreifen konnte. Heute gibt es in den USA schätzungsweise zwanzig- bis vierzigtausend verschiedene Berufe.

Unsere Auswahl an religiösen und philosophischen Traditionen ist kaum weniger vielfältig. Da es schwierig zu definieren ist, was sich alles als Religion bezeichnen lässt, gehen die Schätzungen auseinander; die meisten Experten sind sich jedoch darin einig, dass die Zahlen weit in die Tausende gehen. Und damit sind nur die organisierten Religionsgemeinschaften gemeint; die Zahl persönlicher Weltanschauungen, die aus den verschiedensten Einzelteilen zusammengeschustert wurden wie der Wagen in dem alten Lied von Johnny Cash, lässt sich unmöglich quantifizieren.

Letzten Endes sind wir alle existenzielle Wegesucher: Wir wählen aus den Wegen aus, die das Leben uns bietet, und wenn sie für uns nicht mehr funktionieren, überarbeiten und verbessern wir sie, wie wir es für nötig halten. Das Knifflige daran ist, dass unsere Wege, während wir sie verändern, auch uns verändern. Ich habe dieses Phänomen auf dem Appalachian Trail am eigenen Leib erfahren. Mit jedem Schritt, den wir Wanderer gingen, veränderten wir den Weg, letztendlich aber steuerte der Weg unseren Kurs. Indem wir ihm folgten, passten wir uns seinen Bedingungen an: Wir verloren an Gewicht, teilten unseren Besitz und steigerten unser Tempo, Woche für Woche. Dieselbe Regel gilt für unsere Lebenswege: Gemeinsam formen wir sie, aber individuell formen sie uns. Aus diesem Grund sollten wir alle unseren jeweiligen Weg mit Bedacht wählen. …

Ich dachte oft an ein altes Gedicht des Bergeremiten Han-Shan aus China, das ich einmal gelesen hatte.

Immer weiter geht der Pfad des Kalten Bergs:
Die lange Schlucht, von Steinen und Geröll erstickt,
Der breite Bach, das nebelfahle Gras.
Das Moos ist glitschig, ohne dass es Regen gab,
Die Kiefer singt ganz ohne Wind.
Wer kann die Bande der Welt überwinden
Und sich zu mir in die weißen Wolken setzen?

Han-Shan wuchs in einer blühenden Metropole auf, wo ihn ein Leben als kaiserlicher Gesandter erwartete, doch mit dreißig Jahren ging er fort und reiste tausendfünfhundert Kilometer nach Osten, zum Kalten Berg, wo er den Rest seines Lebens in einer Höhle verbrachte, Gedichte schrieb und »in vollkommener Freiheit wanderte«. Als er dort ankam, machte er den Namen des Bergs zu seinem eigenen: Han-Shan ist gleichsam ein Trailname, er bedeutet »Kalter Berg«. Zum Leben brauchte er wenig; als Kopfkissen diente ihm ein »Stein«, als Decke der »dunkelblaue Himmel«. Von seinem neuen Leben wünschte er sich, in einem klaren kalten Fluss zu liegen und die Ohren zu öffnen.

Han-Shan wurde zu einem der beliebtesten Dichter der Chinesen und ein Held für Suchende und Vagabunden auf der ganzen Welt. Seine Gedichte handeln oft vom Gegensatz zwischen den großen Straßen und dem Leben in der Stadt, die er mied, und schmalen Bergpfaden, die er aufspürte. Natürlich hatten Buddhisten wie Taoisten zur Beschreibung ihrer Philosophie schon lange vor ihm die Wegmetapher benutzt, aber sowohl der Tao als auch der Dharma wurden immerzu als breite Pfade dargestellt. Han-Shan brach mit dieser Tradition: Er glaubte, eine Lebensweise könne zu geläufig werden, ein Pfad zu überfüllt oder ausgetreten; deshalb mahnte er seine Leser, »die staubige Furche hinter sich zu lassen« und »frisch ins Gras getrampelte Pfade« zu suchen. Anderthalbtausend Jahre später sollte Thoreau dieselbe metaphorische Verbindung herstellen: »Die Erdoberfläche ist weich und nimmt leicht den Eindruck der Menschenfüße an; so ist es auch mit den Wegen, die der Geist beschreitet. Wie ausgefahren und staubig müssen demnach die großen Straßen der Welt sein, wie tief die Furchen von Überlieferung und Schematisierung!«

Was diese Männer beschrieben, war das Phänomen des Pfadbrechens, das alle Lebewesen kennen: Eine Raupe findet ein neues Blatt, und zehn weitere folgen ihrer Spur. Wenn die elfte Raupe das Blatt erreicht, ist es bis aufs Gerippe abgenagt, sodass sie hungrig eine andere Richtung einschlagen muss. Dasselbe Prinzip gilt für nahrungssuchende Ameisen und grasende Herden, Modetrends und Aktienmärkte, verstopfte Straßen und erodierte Wanderwege. Indem sich Han-Shan in die »dunkelste Wildnis« der Tiantai-Berge aufmachte, fand er einen Ort, der frei von erstickenden Konventionen war und an dem er eine erfrischend schlichte Existenz führen konnte.

Hermann Hesse

Im Nebel

Seltsam, im Nebel zu wandern!
Einsam ist jeder Busch und Stein,
Kein Baum sieht den andern,
Jeder ist allein.

Voll von Freunden war mir die Welt,
Als noch mein Leben licht war;
Nun, da der Nebel fällt,
Ist keiner mehr sichtbar.

Wahrlich, keiner ist weise,
Der nicht das Dunkel kennt,
Das unentrinnbar und leise
Von allen ihn trennt.

Seltsam, im Nebel zu wandern!
Leben ist Einsamsein.
Kein Mensch kennt den andern,
Jeder ist allein.

Sigrid Damm
Alleinsein als Kostbarkeit

Die Wanderin: Ich baue mein Zelt ab, klemme mir die Finger, lege das Zelt zusammen, rolle Isomatte und Schlafsack ein, verstaue alles im Rucksack.

Frühstücke. Studiere die Karte.

Am Ufer des Luoppal geht es weiter, dann am Ufer des Tarraure bis zur Tarrekaise-Stuga. Die gepunktete Linie des Padjelantaleden führt eine weite Strecke durch Grün, keine Auf- und Abstiege also. Es ist das Flusstal des Tarraätno. Zu beiden Seiten Berge, links der Kuratjåkkå 1165 Meter, rechts der Måskatjkaise 1724 Meter.

Meine Morgenfüße. Ausgeruht. Heiter. Der Weg, den sie wandern. Über Erde, feuchte, trockene, über Wurzeln, Steine, alabaster-, malachitfarben und bleich wie Totenschädel, über schuppige Flechten und leuchtend grüne Moose, über Sand, Sand und Schlamm, tiefdunkelbraun und tintenschwarz. Und immer wieder über die schmalen Bretterstege, Bohlenwege, die über Feuchtgebiete, Sümpfe, Wasserlachen gebaut sind.

Das rhythmische Klopfen der Schuhsohlen auf dem Holz, der Wanderstock greift ins Leere, die Hand nimmt ihn in die Horizontale, die Arme schwingen. Die Bohlenwege Linien in der Landschaft, die die Füße nachzeichnen.

Und meine Augen wandern. Strukturen, Farben. Die Herbstfarben Lapplands. Flächen in weinrotem Leuchten, feuerfarbenes Kraut der Beeren, niedriges Gesträuch, das in intensiven melancholischen Gelbtönen strahlt; die Farbabstufungen der lappländischen Weiden, Ullwide, Rippwide, Lappwide, vom hellen Grau über Silbergraugrün bis zu den Schattierungen der verführenden Olivfarben. Ich laufe und laufe, die unglaubliche Farbkomposition der Natur. In der Ferne die hohen Wände der dunklen Berge, auf ihren Gipfeln das Weiß des Schnees. Wenn in geschlossenen Räumen, in Kirchenschiffen Menschen niederknien, befremdet es mich. Hier in der Natur müsste man niederfallen.

Natur – ich in ihr. Das menschliche Maß der Schritte. Wandern eine stumme Huldigung, ein stiller Rausch. Immer war es das für mich. Ich entsinne mich des ersten Wanderers meines Lebens, es war der *Geselle* aus dem Lied »Der Lindenbaum«, der sich nicht wendete, wenn ihm der Hut vom Kopfe flog, der auch im Dunkeln die Augen schloss. *Komm her zu mir Geselle, hier find'st du deine Ruh,* sagte der Baum zu ihm. Als ich als Kind herzkrank im Bett lag, wurde er mein Freund, dieser Geselle. Der nächste Wanderer war mein Vater. Als junger Mann in der Wandervogelbewegung. Wanderstock, Rucksack. Seine Wanderstiefel. Ich sehe ihn auf seinen Stock gestützt im Thüringer Wald. Meine Wanderungen mit ihm zwischen sieben und siebzehn. Immer waren wir zu dritt, der Geselle lief stets mit. Und pfiff der Wind, griff ich nach dem imaginären Hut auf meinem Kopf, wenn er fortflog, wendete ich mich nicht.

Später, als meine Kinder klein waren, die Wanderungen mit ihnen und ihrem Vater. Noch später die mit Männern, Freunden. Warum bin ich nie allein gewandert, warum erst jetzt, mit fast sechzig? Alleinsein in der Natur, in der Landschaft, das war immer ein Luxus, nur für Stunden. Als Kind der Garten, in den ich flüchtete, um allein zu sein. Später das Schwarzatal, das Ilmtal, die alte Spree, das Selketal. Landschaften, die Ruhe gaben, viel zu selten. Landschaften, in denen ich allein war und auftauchen konnte aus der Flut von Umarmungen, liebenden, erstickenden, von Familie, Männern. Mich befreien konnte aus Umklammerungen von Institutionen, Ideologien: Abstand gewinnen, sich selbst begegnen.

Arkadien, Orplid. Alleinsein als Kostbarkeit.

Hermann Hesse

Weg nach Innen

Wer den Weg nach innen fand,
Wer in glühndem Sichversenken
Je der Weisheit Kern geahnt,
Dass sein Sinn sich Gott und Welt
Nur als Bild und Gleichnis wähle:
Ihm wird jedes Tun und Denken
Zwiegespräch mit seiner eignen Seele,
Welche Welt und Gott enthält.

Christian Morgenstern

An den andern

Ich hatte mich im Hochgebirg verstiegen.
Die Felsenwelt um mich, sie war wohl schön;
doch konnt ich keinen Ausgang mir ersiegen,
noch einen Aufgang nach den lichten Höhn.

Da traf ich dich, in ärgster Not: den andern!
Mit dir vereint, gewann ich frischen Mut.
Von neuem hob ich an, mit dir, zu wandern,
und siehe da: Das Schicksal war uns gut.

Wir fanden einen Pfad, der klar und einsam
empor sich zog, bis, wo ein Tempel stand.
Der Steig war steil, doch wagten wir's gemeinsam …
Und heut noch helfen wir uns, Hand in Hand.

Mag sein, wir stehn an unsres Lebens Ende
noch unterm Ziel – genug, der Weg ist klar!
Dass wir uns trafen, war die große Wende.
Aus zwei Verirrten ward ein wissend Paar.

Hilde Domin
Neue Wege

Neue Wege möchte ich finden
schmerzhaft ungegangene
vom Du zum Ich.

Keine Handbreit an mir
die deinem Eintritt
widersteht.

Bertolt Brecht

Alles wandelt sich

Alles wandelt sich. Neu beginnen
Kannst du mit dem letzten Atemzug.
Aber was geschehen, ist geschehen. Und das Wasser
Das du in den Wein gossest, kannst du
Nicht mehr herausschütten.

Was geschehen, ist geschehen. Das Wasser
Das du in den Wein gossest, kannst du
Nicht mehr herausschütten, aber
Alles wandelt sich. Neu beginnen
Kannst du mit dem letzten Atemzug.

Eva Strittmatter

Anbeginn

Mein Leben setzt sich zusammen:
Ein Tag wie dieser. Ein anderer Tag.
Glut und Asche und Flammen.
Nichts gibt es, was ich beklag.

Früher habe ich so gefühlt:
Irgendwas Großes wird sein.
Inzwischen bin ich abgekühlt:
Es geht auch klein bei klein.

Was soll schon Großes kommen?
Man steht auf, man legt sich hin.
Auseinandergenommen,
Verlieren die Dinge den Sinn.

Doch manchmal sind solche Stunden
Von Freiheit vermischt mit Wind.
Da bin ich ungebunden
Und möglich wie als Kind.

Und alles ist noch innen
In mir und unverletzt.
Und ich fühle: gleich wird es beginnen,
Das *Wunder* kommt hier und jetzt.

Was es sein soll? Ich kann es nicht sagen
Und ich weiß auch: *das* gibt es gar nicht.
Aber plötzlich ist hinter den Tagen
Noch Zukunft ohne Pflicht.

Und frei von Furcht und Hoffen
Und also frei von Zeit.
Und alle Wege sind offen.
Und alle Wege gehn weit.

Und alles kann ich noch werden,
Was ich nicht geworden bin.
Und zwischen Himmeln und Erden
Ist wieder *Anbeginn*.

Erika Pluhar

Mehr denn je

Was heißt das nur, ich werde alt
Was heißt das nur, wie soll ich es empfinden
Ich kann den Morgenhimmel in mir finden
und Frühlingsstürme mehr denn je
Was heißt das nur, ich werde alt
was heißt das nur, wie soll man es verstehen
ich kann wohl meine Hände altern sehen
doch schön ist das Berühren mehr denn je
Mein Körper ist mir Freund
und meine Haut genießt den Wind wie eh und je
und all das, was ein reifer Mensch nicht mehr zu fühlen
hat
das fühl ich mehr denn je

Was heißt das nur, ich werde alt
was heißt das nur, wie soll ich es empfinden
ich kann so viel Verwirrung in mir finden
und ungeduldig bin ich mehr denn je
Was heißt das nur, ich werde alt
was heißt das nur, wie soll man es verstehen
des Lebens Spuren kann ich auf mir sehen
doch geh ich neue Wege mehr denn je
Mein Haar das ist schon grau
doch weht der Wind mir's ins Gesicht wie eh und je

und all das, was ein reifer Mensch nicht mehr zu denken
hat
dran denk ich mehr denn je

Was heißt das nur, ich werde alt
was heißt das nur, wie soll ich es empfinden
ich kann den Morgenhimmel in mir finden
und Frühlingsstürme
mehr denn je!

Hermann Hesse
Lindenblüte

Jetzt blühen wahrhaftig schon die Linden wieder, und am Abend, wenn es zu dunkeln beginnt und wenn die schwere Arbeit getan ist, kommen die Frauen und die Mädchen daher, steigen an der Leiter in die Äste hinauf und pflücken sich ein Körblein voll Lindenblüten. Davon machen sie späterhin, wenn jemand krank wird und Nöte hat, einen heilsamen Tee. Sie haben recht; warum soll die Wärme, die Sonne, die Freude und der Duft dieser wundersamen Jahreszeit so ungenützt vergehen? Warum soll nicht in Blüten oder sonst wo etwas davon verdichtet und greifbar hängenbleiben, dass wir es holen, heimtragen und später einmal in kalten und bösen Zeiten einen Trost daran haben können?

Wenn man nur von allem Schönen so einen Beutel voll aufbewahren und für bedürftige Zeiten aufsparen könnte! Freilich, es wären doch nur künstliche Blumen mit künstlichem Duft. Alle Tage rauscht die Fülle der Welt an uns vorüber; alle Tage blühen Blumen, strahlt das Licht, lacht die Freude. Manchmal trinken wir uns daran dankbar satt, manchmal sind wir müde und verdrießlich und mögen nichts davon wissen; immer aber umgibt uns ein Überfluss des Schönen. Das ist das Herrliche an jeder Freude, dass sie unverdient kommt und niemals käuflich ist; sie ist frei und ein Gottesgeschenk für jedermann, wie der wehende Duft der Lindenblüte.

Die Frauen, die emsig in den Ästen hocken und einsammeln, die haben hernach einen Tee für Atemnot und Fieber, aber das Beste und wahrhaft Feine davon haben sie nicht. Das haben nicht einmal die sommerabendlichen, lustwandelnden Liebespaare in ihrer süßen, dumpfen Trunkenheit; aber der Wanderer hat es, der vorübergeht und tiefer atmet. Der Wanderer hat das Beste und Zarteste von allen Genüssen, weil er neben dem Schmecken auch noch das Wissen von der Flüchtigkeit aller Freude hat. Ihn kümmert es wenig, dass er nicht an jedem Brunnen trinken kann, und der Überfluss ist ihm gewohnt; dafür schaut er auch dem Verlorenen nicht lange nach und begehrt nicht an jedem Orte, wo es einmal gut sein war, gleich Wurzeln zu schlagen. Es gibt solche Lustreisende, die gehen Jahr für Jahr an denselben Ort, und es gibt viele, die können von keinem schönen Anblick Abschied nehmen, ohne dass sie beschließen, recht bald wieder herzukommen. Das mögen gute Leute sein, aber gute Wanderer sind sie nicht. Sie haben etwas von der dumpfen Trunkenheit der Liebesleute und etwas von dem sorglichen Sammlersinn der Lindenblütenpflückerinnen. Aber den Wandersinn haben sie nicht, den stillen, ernst-fröhlichen, immer abschiednehmenden.

Hier ist gestern einer durchgewandert, ein reisender Handwerksbursche, der grüßte in seiner Bettlerfreiheit die Sammler und Bewohner auf eine spöttische Art. Er nahm an der großen Linde, die voller Weibsleute war, die Leiter weg und ging davon, und obwohl ich selber den Frauen die Leiter wieder hingetragen und ihr Schmähen besänftigt habe, hat der Streich mich doch gefreut.

Oh, ihr Wanderburschen, ihr fröhlichen Leichtfüße, jedem von euch, auch wenn ich ihm einen Fünfer geschenkt habe, sehe ich wie einem König nach, mit Hochachtung, Bewunderung und Neid. Jeder von euch, auch der Verlottertste, hat eine unsichtbare Krone auf; jeder von euch ist ein Glücklicher und ein Eroberer. Auch ich bin euresgleichen gewesen und weiß, wie Wanderschaft und Fremde schmeckt. Sie schmeckt, trotz Heimweh und Mangel und Unsicherheit, gar süß.

Und immerzu strömt der honigsüße Duft aus den alten Bäumen den Weg entlang durch den lauen Sommerabend. Kinder singen unten am Strande und spielen mit Windmühlen aus rotem und gelbem Papier. Liebespaare spazieren langsam und lässig an den Hecken hin, und durch den rotgoldenen Staub der Straße surren Bienen und Hummeln in verzückten Kreisen und mit goldenem Getöne.

Wahrlich, ich beneide die Liebespaare an den Hecken nicht um ihre süße, dumpfe Trunkenheit, so wenig ich die spielenden Kinder um ihre rechenschaftslose Seligkeit beneide oder die schwärmenden Bienen um ihren taumelnden Flug. Nur die Wanderburschen beneide ich. Die haben den Duft und die Blüte von allem.

Noch einmal jung, unwissend, ungebunden, frech und neugierig in die Welt hineinzulaufen, hungrige Kirschenmahlzeiten am Straßenrande zu halten und bei den Kreuzwegen das »rechts oder links« an den Rockknöpfen abzuzählen! Noch einmal kurze, laue, duftende Sommernächte unterwegs im Heu verschlafen, noch einmal eine Wanderzeit in harmloser Eintracht mit den Vögeln des Waldes, mit den Eidechsen und Käfern leben! Das wäre wohl einen Sommer und ein Paar neue Stiefelsohlen wert. Aber es kann nicht sein. Es hat keinen Wert, die alten Lieder zu singen, den alten Wanderstab zu schwingen, die alten, lieben, staubigen Straßen zu gehen und sich einzubilden, man sei nun wieder jung und alles sei, wie es damals war.

Nein, das ist vorbei. Nicht, dass ich alt oder ein Philister geworden wäre! Ach, ich bin vielleicht törichter und zügelloser als je, und zwischen mir und den klugen Leuten und ihren Geschäften ist noch immer kein Verständnis und kein Bündnis aufgekommen. Ich höre auch immer noch, wie in den drängendsten Jünglingszeiten, die Stimme des Lebens in mir rufen und mahnen, und ich habe nicht im Sinn, ihr ungetreu zu werden. Aber sie ruft nicht mehr zu Wanderschaft und Freundschaft und zu Zechgelage mit Fackeln und Gesang, sondern sie ist leise und dringlich geworden und führt mich immer einsamere, dunklere, stillere Wege, von denen ich noch nicht weiß, ob sie in Lust oder in Leid enden sollen, die ich aber gehen will und gehen muss.

Ich hatte mir als junger Mensch das Mannesalter ganz anders vorgestellt. Nun ist es auch wieder ein Warten, Fragen und Unruhigsein, mehr Sehnsucht als Erfüllung. Die Lindenblüten duften, und Wanderburschen, Sammelweiber, Kinder und Liebespaare scheinen alle einem Gesetz zu gehorchen und wohl zu wissen, was sie zu tun haben. Nur ich weiß nicht, was ich zu tun habe. Ich weiß nur: weder die rechenschaftslose Seligkeit der spielenden Kinder noch das gleichmütige Vorübergehen der Wanderer, weder die dumpfe Trunkenheit der Liebesleute noch der sorgliche Sammelsinn der Blütenpflückerinnen ist mir beschieden. Beschieden ist mir, der Stimme des Lebens zu folgen, die in mir ruft, ihr zu folgen, auch wenn ich ihren Sinn und ihr Ziel nicht zu erkennen vermag und auch wenn sie mich immer mehr von der fröhlichen Straße hinweg in das Dunkle und Ungewisse führen will.

Cees Nooteboom
Der Wendepunkt

»Wendepunkt, Punkt, an dem eine gebogene Linie plötzlich die Richtung ändert.« Wenn man über etwas nachdenken will, empfiehlt es sich, als Erstes im einsprachigen Wörterbuch nachzuschlagen, zunächst einmal weil man dann auf alle möglichen Wörter der eigenen Sprache stößt, von denen man noch nie gehört hat und auch nicht im Entferntesten ahnt, was sie bedeuten, wie Wendemarke, Wendeschaltung, Wendezug, vor allem aber, weil die klare Wörterbuchdefinition einem etwas über einen selbst sagt. Wie es anderen Reisenden ergeht, weiß ich nicht, für mich jedenfalls stellt der Wendepunkt oft genug ein Problem dar. Das fängt schon bei jener allerharmlosesten Art des Reisens an, dem Spaziergang. Angenommen, ich bewege mich durch eine hügelige Landschaft. Ein weicher Waldweg, eine sanft geschwungene Straße, in der Ferne eine interessante Baumgruppe. Ich bin schon ein paar Stunden unterwegs, bin vielleicht müde und habe beschlossen, an dieser Baumgruppe umzukehren. Dort ist der Wendepunkt. Dann muss man denselben Weg noch einmal zurücklegen, jetzt in umgekehrter Richtung. Dort wird also die gebogene Linie meines Spaziergangs plötzlich die Richtung ändern. Die Frage ist, ob ich das auch tue. Offenbar steckt etwas in mir, das eigentlich nie Lust auf einen Wendepunkt hat, das immer weitergehen möchte. Ich bin zu neugierig, denn wenn ich bei dieser Baumgruppe angelangt bin, merke ich, dass der Weg dort wieder eine Biegung macht und dass ich nicht erkennen kann, wie es weitergeht. Das Auge sucht einen neuen Wendepunkt.

Ein kleines Haus. Vor allem wenn man zu zweit unterwegs ist, kann das zu einem Problem werden. *Wir gehen bis zu diesem Haus. Aber wir wollten doch umkehren?! Ja, nur noch bis zu diesem Haus.* Doch wenn wir dort angelangt sind, führt der Weg nicht nur mit einer Biegung weiter, sondern auch noch in ein Tal hinein, in dem, wer weiß, alles Mögliche zu sehen ist. Nur wirkliche Ermüdung, ein plötzlicher Regenguss oder ein drohendes Gewitter kann dann einen Wendepunkt erzwingen. Die Begleitung ist damit nicht glücklich (*zuerst wollten wir bei diesen Bäumen umkehren, dann bei dem Haus, und jetzt müssen wir auch noch dort hinunter und dann gleich den Hügel wieder hinauf! Ich will nicht mehr weiter! Dort unten fällt dir garantiert wieder etwas anderes ein, so kommen wir nie nach Hause!*).

Was für einen simplen Spaziergang gilt, gilt im Prinzip für jede Reise, und mit Reise meine ich jene Bewegung in der Welt, bei der ich selbst bestimme, wann und wo ich umkehre, also nicht die von einem Reisebüro organisierte Reise, bei der man vierzehn Tage in Thailand oder auf Teneriffa verbringt und genau weiß, wann das Flugzeug zurückgeht. Im Großen geschieht dann genau das Gleiche. Ein Beispiel. Man fährt durch den Norden von Argentinien und möchte von San Salvador de Jujuy weiter nach Norden. Zunächst auf der berühmten *ruta* 40, später auf der 9 und über den Paso del Marques. Gern wüsste man, wer dieser Marquis war, aber es ist niemand da, den man fragen könnte. Leere Landschaften in phantastischen Farben, blendend weiße Salzseen, die Berge der Sierra de Cochinoca links, später die Sierra de Santa Victoria in der Ferne rechts. Die Entfernungen in Argentinien sind endlos, von der südlichsten Stadt des Landes, Ushuaia, bis nach La Quiaca an der Grenze zu Bolivien sind es 4888 Kilometer, und zu ebendieser Grenze will ich, einem natürlichen Wendepunkt. Zumindest sollte man das meinen, aber so funktioniert es nicht. Nicht bei mir. Es fühlt sich an, als gäbe es einen Magneten auf der anderen Seite, der mich über die Grenze ziehen will, über den Wendepunkt hinaus. Ich habe die Szene in meinem *Schiffstagebuch* beschrieben. Wie ich mein Auto stehengelassen habe und, als würde ich inmitten eines Heers kleiner, mit schweren Zementsäcken beladener Indiofrauen weitergesogen, unbemerkt über die Grenze gegangen bin, vorbei am natürlichen Wendepunkt. Trockenes Land, ein ärmlicher Ort fern der Hauptstadt La Paz, wo ich 1968 zum letzten Mal war, ein kümmerliches kleines Hotel, ein klappriger Bus, ein Karren mit einem Esel, wieder eine völlig andere Welt. Erst dann kann ich umkehren, erst dann habe ich selbst beschlossen, wo der Wendepunkt sein soll, und genau da spürt der Reisende das Fernweh am heftigsten.

Rose Ausländer

Unendlich

Vergiss
Deine Grenzen

Wandre aus

Das Niemandsland
Unendlich
nimmt dich auf

Wahre Geschichten

»Und wieder eins der 11. Gebote: ›Geh, wo du noch nie gegangen bist!‹«

Peter Handke

Sigrid Damm

Die Initialzündung

Der Wanderer: Nach einem langen, allmählichen Aufstieg, immer im dichten Wald – fünf Stunden bin ich gelaufen –, lichtet er sich, ich verlasse ihn. Ich bleibe stehen, wende mich um, ich kann das Tal überblicken, meine Tagesarbeit, mein Weg liegt im roten Licht der Abendsonne vor mir.

Ich erinnere mich an meine allererste Begegnung mit der nordischen Landschaft. Als Besucher, als Tourist, war ich nach Lappland gekommen. Mit meiner damaligen Frau zu ihrer Freundin Beatrice, einer Deutschen. Sie hatte nach Nordschweden geheiratet, lebte mit Mann und Kind in Roknäs, einem kleinen Dorf unweit des Bottnischen Meerbusens. Mit ihnen erlebte ich mein erstes Mittsommerfest. Um die Mitternachtssonne zu sehen, fuhren wir weiter nordwärts, nach Abisko, in die Berge Lapplands. Wir übernachteten zu fünft in einem kleinen Raum in einer Jugendherberge. Die Mücken stachen, das Kind war unruhig, ich lag schlaflos. Gegen zwei Uhr ging ich nach draußen.

Die Mitternachtssonne stand am Himmel, warf ein scharfes Licht, die Landschaft wirkte wie überbeleuchtet, jedes Detail sprang mich an. Von dem Weg, auf dem ich ging, kam ich ab, verirrte mich, geriet in sumpfartiges Gelände. Das Gebiet war ohne Baumbestand, ein flaches

Kahlfjäll, die Horizontlinien lagen nach allen Seiten weithin sichtbar. In der Ferne hörte ich einen Wasserfall. Ich hörte Vogelstimmen. Sonst war es still. Der Raum der Landschaft wurde von Klängen definiert, von der Stille, dem Wasserfall und den Vögeln. Alles war ganz real. Das gab es also noch, Wasserrauschen, Vogelstimmen, Stille.

Niemand kam mir entgegen, niemand folgte mir. Ich war allein. Und das für Stunden. Ich reflektierte es ungläubig. Die Einsamkeit verwirrte mich. Ich atmete, sog das Alleinsein ein. Ich war privilegiert. Alles gehörte mir. Meine Schritte schienen mir die ersten hier.

Mit einem Mal glaubte ich mich zu täuschen, alles war nicht wirklich, die Klänge kamen aus meinem Sampler, ich hatte mein Geräuschmagazin geöffnet. Ich dachte an Berlin, die Großstadt, in der ich lebe. Mit Kopfhörern lief ich vierspurige Autostraßen und endlose Häuserfassaden entlang, Musik dröhnte, ich lief durch die Kanalisation, sah die Stadt von unten; sie glich einer Luftaufnahme im Krieg.

Ich sah mich in meiner engen Berliner Behausung im Prenzlauer Berg – sechzehn Quadratmeter, mit der Küche zwanzig. Die Wohnung vollgestopft mit Bühnenbildmodellen, Computern, Samplern, Keyboard, mit Farbdosen, Pinseln, Papieren, Werkzeugen, Aktenordnern, mit Regalen voller Schallplatten und Bücher, Schubfächern und Schränken voller Zeichnungen. Holzgestelle bis unter die Decke, um Lagermöglichkeiten zu haben, Schaffelle darauf, Kanister mit Gummimilch zum Puppenbauen, eine Nähmaschine, Säcke voller Stoffreste. Ich sah mich umstellt, bedrängt, zugeschüttet. Meine Gedanken stießen überall an. War ich nicht auf dem Wege, mich ausschließlich von virtuellen Freiheiten zu nähren, von sich steigernden und verfeinernden Formen von Simulation?

Hier schien mir der Himmel wie eine riesige Leinwand, die bemalt werden wollte, eine leere Blätterfolge, die zum Zeichnen aufforderte. Die Landschaft war wie ein offenes Atelier, durch dessen Räume ich gehen konnte, ohne Schlüssel zu brauchen. Erwartung klopfte in meinen Schläfen. Dies war der Moment! Die Initialzündung. Ich wusste, da, an diesem frühen Morgen in Abisko: Ich muss mein Leben ändern. Der heftige Wunsch erfasste mich, hierzubleiben, mich festzusetzen in dieser Einsamkeit, dieser Ruhe. Von einer Sekunde zur anderen stand mein Entschluss fest. Hier war mein Ort, meine Landschaft.

Noch am selben Tag fragte ich Beatrice, wie es in Schweden um den Erwerb eines Hauses bestellt sei. Mein Entschluss an diesem Morgen schien mir der einfachste und logischste der Welt. Und er war unumstößlich. Ein Jahr nach jenem Morgen in Abisko wurde ich – ich war gerade dreißig – Besitzer eines kleinen roten schwedischen Holzhauses in Roknäs.

Hanns-Josef Ortheil
Blumen pflücken

In der Kindheit begannen meine ersten kleinen Fluchten weg von zu Hause damit, dass ich zu den blumengeschmückten Wiesen weit unterhalb des Hauses aufbrach. Ich musste eine schmale Straße überqueren, über ein rostiges Geländer steigen und befand mich dann auf einer stark abfallenden Wiese, die schon bald in ein dunkles Waldgelände überging. Auf der Wiese war ich vom Haus noch einigermaßen gut zu erkennen, ich lief umher und pflückte Blumen. Es gab unendlich viele Margeriten in jeder Größe, und es gab Klee und gelben Ginster. Eine Zeitlang pflückte ich alles, was mir in die Hände geriet, und legte den Strauß dann vorläufig an eine schattige Stelle.

Jetzt kam es darauf an. Ich konnte mich einfach auf den Rücken ins Gras legen, oder ich konnte noch weitergehen, um mich in den Wald zu verlieren. Um das zu tun, musste ich einen schmalen Bach überspringen. Der kurze Sprung war das Zeichen: Nun war ich im »anderen Land«, nicht mehr zu beobachten, in der »Wildnis« verloren. Ich ging ein paar Schritte und spürte, dass mich fröstelte. Es war, als hätte ich einen anderen Kontinent betreten, ein Land, in dem andere Gesetze galten und wild herumziehende Gesellen einen jederzeit stellen und einem Böses antun konnten.

Mit einem solchen Empfinden schlich ich umher. Ich ging nicht gebückt, aber ich hatte das deutliche Empfinden, gebückt zu gehen. Ich musste mich klein machen, »in Deckung« gehen, ich durfte mich nicht offen auf den Wegen zeigen, sondern musste die Bäume und Sträucher zu meinem Schutz nutzen. Im Kopf hatte ich viele Geschichten, die ich gelesen hatte. In ihnen gingen Kinder im Wald verloren, verletzten sich, wurden nicht mehr gefunden, litten Hunger und Durst.

So war das ferne Land, das ich im Wald betrat, im Grund das Land der Phantasie und des literarisch geformten Schreckens. Eigentlich war alles ganz harmlos: ein Stück Wald mit breiten, sonnigen Waldwegen, eine Lichtung, ein Hochsitz, nichts Besonderes. Ich aber sah in all das die großen Gefahren hinein, die ich aus Märchen und Geschichten kannte. Auf der Lichtung konnten sich fremde, gefährliche Tiere bewegen, und auf dem Hochsitz lauerten Schützen und Jäger in ihren Verstecken.

Ich hielt es nie sehr lange im Wald aus, und ich wäre nie auf den Gedanken gekommen, mich dort auf den Rücken zu legen. Wie ein vorsichtiges, schutzbedürftiges Tier schlich ich herum und machte mich schon bald auf den Rückweg. Wie schön war der Moment, als ich den Bach erneut übersprungen und auf der Wiese den dort abgelegten Blumenstrauß wiedergefunden hatte! Als ich ihn in die Hand nahm, war ich angekommen in vertrautem Gelände.

Ich stieg die Wiese hinauf und eilte in unser Wohnhaus zurück. Dort brachte ich den Strauß in die Küche, sorgte dafür, dass er in eine schöne Vase kam, und blickte kurz durch das große Wohnzimmerfenster auf das ferne Gelände, dessen Gefahren ich gerade überstanden hatte. Für einen kurzen Moment glaubte ich das Frösteln erneut zu spüren. Dann aber beruhigte ich mich. Die Feinde hatten mich nicht entdeckt, ich war aufmerksam und schlau gewesen, beim nächsten Mal würde ich noch tiefer in das gefährliche Land eindringen, und irgendwann bekam ich die wilden Gesellen auch zu Gesicht, ohne dass sie es merkten.

Ich würde das ferne Land ganz alleine befreien, nicht mit Gewalt, sondern mit Hilfe besonderer Tricks. Irgendetwas Großartiges würde mir einfallen, etwas, an das niemand sonst denken würde. Und schon war sie da, die kleine Geschichte einer Befreiung, die ich nur noch aufzuschreiben brauchte, um mir die Illusion zu verschaffen, längst gesiegt zu haben und gar nicht mehr aufbrechen zu müssen in die gefährlichen Zonen. So schlug die kleine Flucht um in eine starke Geschichte. Sie hob die Schrecken der Flucht auf und führte auf dem Papier zurück in lauter vom dunklen Bösen befreite Länder.

Blumen pflücke ich heute noch immer sehr gern, am liebsten Löwenmäulchen oder Lupinen. Und Wälder in der Nähe des alten Zuhauses durchstreife ich weiter. Jetzt aber komme ich mir vor, als wäre ich ein Wildhüter oder Förster, der jeden Winkel kennt und in jeder Jahreszeit nach dem Rechten sieht. Ich bin ein alter Bewohner dieser Wälder und kein Fremder mehr, ich weiß, wo sich zu welcher Zeit welche Tiere aufhalten. In den Wäldern verändert sich in Jahrzehnten kaum etwas, das ist das Schöne, Beruhigende. So erscheinen sie mir wie halbwegs stabile Zonen, in denen die Menschen nur zum Teil zugelassen sind. Eigentlich werden sie von den Tieren und ihren Aktionen beherrscht, und eigentlich sind diese Aktionen kaum sichtbar. Man spürt ihnen hinterher, man wittert Geschichten und Auseinandersetzungen. Letztlich aber bleibt der Wald das verborgene Reich, das sich den Menschen entzieht und eben nicht »zu ihm spricht«.

Chris Yates

Lichtkanten

Wenn ich vom Rand der Hügel nach Norden sehe, ist die halbe Mittsommernacht eine verkappte Dämmerung. Zur Wintersonnenwende blüht die Dämmerung bei klarem Himmel nur einmal kurz vor Sonnenaufgang in Gaslichtblau auf, aber im Juni scheint sie schon einzusetzen, wenn das abendliche Zwielicht zu einer schmalen Kuppe am nördlichen Horizont ausdünnt. Gestern Abend entging mir diese Phase des letzten Lichts, da ich zu dieser Zeit im tiefsten Wald steckte; zudem rang auch der Mond um meine Aufmerksamkeit, da er den Schimmer im Norden zwar überstrahlt, ihn jedoch nie vollständig zu verschleiern vermag. Doch als ich gegen drei Uhr den nördlichen Pfad hinaufstieg, war alles, was vor mir lag – Bäume, Zaunpfähle, Hecken, Hügelkuppen –, klar im Licht konturiert, obgleich es noch zwei Stunden bis Sonnenaufgang waren.

Der Weg war lang, länger noch, als wenn ich nach links auf einen Kamm abgebogen wäre, um direkt auf den nächsten Aussichtspunkt zuzusteuern. Doch aus einer Laune heraus beschloss ich plötzlich, scharf nach rechts zu biegen und dem Kamm anderthalb Kilometer nach Südosten zu folgen, um dann wieder entlang einer Waldkante nach Norden zu gehen. Während ich durch das kaninchengestutzte Gras schlenderte, glitt ich wie von selbst in jenen tranceartigen Zustand, in den jeder einsame Nachtwanderer verfallen kann, vor allem wenn sich der Körper allmählich über fehlenden Schlaf beklagt. Wegen der Richtung, die ich eingeschlagen hatte, war es über mir dunkel, zu meiner Rechten stand tief der mondbeschienene Himmel, zu meiner Linken lag ein Anschein von Morgendämmerung – parallele helle Streifen, die in meiner Vorstellung zu einem leuchtenden Meer auf der einen Seite und dem Schimmer einer fernen Stadt auf der anderen Seite wurden. Obwohl ich mich nicht erinnern kann, dass ich nach links in Richtung Wald geschwenkt war, schien mein Autopilot korrekt eingestellt, da mir langsam gewahr wurde, dass die Blätter der Bäume die wenigen letzten Sterne ausknipsten.

Natürlich war es nicht so, dass ich meine Umgebung gar nicht mehr wahrnahm, doch nachdem sich eine Stunde lang nichts mehr geregt hatte, waren meine Sinne wie betäubt, sodass ich mich auf dem bekannten geschmeidigen Pfad fast in den Schlaf laufen konnte, als mich jäh ein Flügelschlag – sacht, aber sehr nah – ins wache Leben zurückrief. Weite schwarze Flügel breiteten sich nur wenige Meter über meinem Kopf aus, wo sich eine riesige Eule von einem Ast abstieß. Für einen Moment dachte ich tatsächlich, es handele sich um einen Uhu; immerhin soll diese Spezies angelegentlich vom Festland herübergeflogen kommen. Aber mir hatte nur die Dunkelheit einen Streich gespielt. Bevor der Vogel zwischen den Sternen verschwand, sagten mir seine deutlichen Konturen, dass ich einen gewöhnlichen Bussard im Schlaf gestört hatte. Vielleicht war mir die Silhouette eulenhaft erschienen, da es sich um ein flaumiges, gerade flügge gewordenes Jungtier handelte; wobei es auch ein Alttier hätte sein können, ein Frühaufsteher, der mitnichten noch schlief, sondern die Ränder der Dämmerung nach nichtsahnenden Kaninchen absuchte. In jedem Fall aber weckte es in mir die Gewissheit, dass sich die Atmosphäre verändert hatte. Während ich in den vogellosen Himmel starrte, spürte ich, dass der nachtlange langsame Strom der kühlen Nordluft vom feinsten Hauch einer Brise aus dem Süden abgelöst worden war. Nichts regte sich, und doch schien es, als wäre eine Flagge entfaltet worden, um das offizielle Ende der Nacht zu verkünden.

Während ich weiter den Waldsaum entlanglief, kam ich an einer großen Esche vorbei, die sich selbst ein Lied zu summen schien. Oder bildete ich es mir nur ein? Wieder blieb ich stehen und formte mit den Händen einen Trichter hinter den Ohren, um den Schall zu verstärken und den Baum zu hören, der vom schwach-schrillen Winseln Tausender Insekten erfüllt war. Ein Klang, den ich für gewöhnlich mit heißen Sommernachmittagen im Eichenwald verbinde, wenn die Wespen und Schwebfliegen um die honigbetauten Blätter schwirren, nur dass die Frequenz hier höher war. Leider konnte ich sie im Dunkeln nicht sehen, die Brut kleiner Fliegen, die die feuchte Stunde der Morgendämmerung feierte, in der so häufig neues Leben beginnt.

Nach weiteren hundert Metern bog der Pfad in das dichtere Dunkel des Waldes ein und dehnte sich wie ein Tunnel dem Schein einer kleinen Öffnung am anderen Ende entgegen. Auf halbem Weg hielt ich wieder inne, diesmal, weil ich im Unterholz den leisen Gang eines Hirsches vernommen hatte. Er kam unsichtbar näher, bis er schließlich auf den Pfad vor mir trat, eine unförmige schwarze Silhouette unter einem Bogen bläulichen Lichts. Es war ein Damhirsch, er stand vollkommen still, der Körper im Profil, der geweihtragende Kopf mir zugewandt. Obwohl ich vor einem deutlich dunkleren Hintergrund stand, konnte mich der Hirsch selbst im schwachen Licht offenbar sehen, wobei er eher neugierig als furchtsam wirkte; wie zuvor der Dachs starrte er mich an, als wollte er herausfinden, ob ich eine Bedrohung darstellte. Nach einer Weile warf er einen Blick zurück auf den Weg, von dem er gekommen war, und kurz darauf erschien eine Hirschkuh, die lautlos den Pfad überquerte und sogleich wieder mit der Dunkelheit auf der anderen Seite verschmolz. Der Hirsch blieb an seiner Stelle und drehte sich wieder zu mir, um mich erneut mit unsichtbaren Augen anzustarren. Wir waren nur zwanzig Meter voneinander entfernt, und als ich mich gerade fragte, wie lange wir uns noch gegenseitig Gesellschaft leisten würden, lenkte mich der unerwartete Gesang eines Vogels ab. Ohne den Kopf zu bewegen, blickte ich in dessen Richtung, und als ich wieder zurücksah, war dort nur noch ein leerer, schwach beleuchteter Pfad.

Peter Bichsel
Wahre Geschichten

Zwischen Weihnachten und Neujahr ein Brief: »… nun halt mich bitte nicht für total übergeschnappt, aber ich habe mein Leben ein wenig verändert. Ich bin auf dem besten Wege, Kunstreiterin zu werden. Ich hatte mich längere Zeit von einem Zirkus engagieren lassen und habe dort viel lernen können und will nun an einer eigenen Nummer arbeiten, Hohe Schule, Du kennst das sicher, das Pferd tanzt mit dem Reiter …«

Sicher, sie ist verrückt, war sie immer, nicht etwa hysterisch, sondern ganz sanft und beängstigend verrückt, und man konnte nicht sehr damit renommieren, ihr Freund zu sein, und sie diskutierte viel und machte Pläne, Pläne, sich umzubringen vor allem, dann auch all die andern Pläne, ein Kabarett, eine Beiz, eine landwirtschaftliche Kommune, einmal auch und immer wieder, sich Tanzbären zu kaufen und zum Zirkus zu gehen. Ich weiß nicht, ob sie reiten konnte damals, sie sprach nie von Pferden. Sie war erfolgreich in ihrem Beruf, ein künstlerischer Beruf, aber sie war schon etwas zu alt, um noch erfolgreicher zu werden, und sie hatte den Ruf – den berechtigten –, verrückt zu sein, und eigentlich wollte niemand mehr mit ihr etwas zu tun haben, denn das ist halt ein Risiko mit Verrückten, und als ich sie kennenlernte, vor Jahren, hatte sie eben mit Hilfe von sehr viel Alkohol beschlossen, sich umzubringen, und hätte sie es getan, niemanden hätte es verwundert.

Jedenfalls war sie schon damals nicht mehr in dem Alter, in dem man vom Zirkus träumt. Inzwischen kamen zwei Briefe, einer aus einer Kommune irgendwo, dann später einer, dass sie jetzt Assistentin eines Filmregisseurs sei – ich kann den Namen nicht erwähnen, er würde die Geschichte unwahrscheinlich machen –, und dann lange wieder nichts mehr, und jetzt – jetzt kenn ich eine Zirkusreiterin und bilde mir ein, ohne jeden Grund, etwas damit zu tun zu haben.

Dabei, Zirkus gibt es gar nicht mehr. Ich hatte Zirkus vergessen. Zirkus gibt es nur, solange man den Wunsch hat, zum Zirkus zu gehen. Nun geht die einfach, die Kuh, und macht die übelsten deutschen Schlager wahr, die spinnt.

Sie trinke auch nicht mehr, schreibt sie, weil sie sonst vom Pferd falle, und im Augenblick, es ist Winter, braucht sie Geld für das Pferd, weiß-grau, Apfelschimmel. Sie schreibt nichts davon, dass Zirkus schön sei, und sie schreibt nichts davon, dass Zirkus hart sei, nichts davon, dass es ihr gutgehe oder schlecht – keine Zeile Literatur, kein deutscher Schlager. »Halt mich bitte nicht für total übergeschnappt«, ich glaube, sie meint das so, wie sie es schreibt – vor Jahren noch legte sie Wert darauf, verrückt zu sein.

Eine Geschichte – Geschichten sind selten geworden, wahre Geschichten sind sehr selten geworden.

Vor Jahren gab es ein Schundheftchen an Kiosken mit dem Titel »Wahre Geschichten«, und im Sommer werden wieder Tausende möglichst weit reisen, um wahre Geschichten zu erleben, und sie werden die Wahrheit mit einem Druck auf den Knopf ihrer Kamera quittieren.

Kürzlich traf ich ein Mädchen, das sämtliche Bücher der Courths-Mahler nicht nur gelesen hatte, sondern durch und durch kannte. Vor Jahren wäre das nichts Besonderes gewesen, heute macht sie den Eindruck eines literarischen Snobs. Sie hat mir erzählt, wie sie dazu kam, Courths-Mahler zu lesen. Der Lehrer in der Gewerbeschule wollte den Schülern erklären, was Kitsch ist, und brachte einen Text von ebendieser schönen Autorin mit. Ihr hat es gefallen. Verdammt noch mal, ich finde das gut. Ich finde gut, dass es ihr gefallen hat. Lesen ist gar nicht so einfach. Wenn sie das ganze Werk der Courths-Mahler gelesen hat – ich mache jede Wette –, dann hat sie mehr gelesen als ihr Gewerbelehrer, und, das kommt noch dazu, sie liest inzwischen auch anderes.

Jedenfalls erinnere ich mich, dass der Kampf gegen Schund und Kitsch das große pädagogische Anliegen war, als ich aus dem Seminar kam. Wir waren überzeugt, dass die Qualität des Lebens ein ästhetisches Problem ist, und ich fürchte, wir hatten damit ein bisschen Erfolg. Nur diese dumme Kuh geht zum Zirkus. Mich freut das. Nicht nur weil sie geht, sondern weil man noch gehen kann. Nur eben, Lehrer werden daraus nichts lernen können, weil schließlich nicht alle gehen können.

Ein anderer wird jetzt Maler, mit fünfzig, ein erfolgreicher Geschäftsmann. Man sagt, er sei bereits pleite. Aber dieser wird eben ein richtiger Kunstmaler und hat begriffen, was sein Lehrer gemeint hat mit dem Unterschied zwischen Kunst und Kitsch. Und es ist sehr traurig, und niemand wagt ihm zu sagen, dass er kein Maler ist, keiner werden kann und dass es nicht dasselbe sei, wenn man van Gogh verkannt hat und wenn man ihn verkennt. Im Übrigen, der Mann hätte das Zeug dazu, etwas Saudummes zu tun, aber eben, er hat eine Ahnung von Kultur und wird ihr Opfer werden. Und diese dumme Kuh geht zum Zirkus. Ich finde das schön.

Und darauf gekommen ist sie durch Kinderbücher, durch schlechte Kinderbücher, durch Schlager und Chansons, durch irgendwelche Literatur vielleicht, und in den Kinderbüchern gehn die Kinder zum Zirkus und um die Welt herum und auf Schiffe und haben Laubflecken auf der Nase und sind sehr frech und werden etwas ganz Besonderes – die Welt, die die Menschen erfinden, ist ganz lustig. Eigenartig, dass sie sie zwar erfinden können, aber dass sie ihnen trotzdem nicht gelingt. Es besteht der Verdacht, dass Kultur ein Ordnungsfaktor ist und dass der Kitsch nicht ohne Grund verhetzt wird.

Und noch etwas ist mir nach diesem Brief aufgefallen: dass es nämlich nicht wahr ist, dass ich je einmal zum Zirkus wollte. Ich hätte es sicher nicht getan, weder damals noch heute. Ich fühlte mich einfach verpflichtet – wie alle andern auch –, solche Wünsche zu haben. Man hat mich mit Wünschen betrogen, die nicht eigentlich meine sind.

Aber es ist dann doch ein kleiner Trost, wenn es Leute gibt, die wirklich zum Zirkus gehen, wirklich diesen Wunsch haben.

Und sie ist keine dumme Kuh.

Nur – das fällt mir noch ein – ich mag Pferde nicht sehr.

Katherine May
Eine Bewährungsprobe

Jeder durchlebt irgendwann mal einen Winter. Und bei manchen kehrt er immer wieder.

Winter ist nicht einfach nur eine kalte Jahreszeit. Auch im Leben kann es Phasen geben, die sich wie Winter anfühlen. Karge Phasen, in denen man sich ausgesondert, ausgeschlossen und ausgebremst fühlt, in eine Außenseiterrolle gedrängt. Das kann die Folge einer Erkrankung sein oder eines Lebensereignisses wie zum Beispiel des Verlustes eines geliebten Menschen oder der Geburt eines Kindes; aber auch das einer Demütigung oder eines Scheiterns. Man kann sich in einem Umbruch befinden und vorübergehend zwischen zwei Welten schweben. Manche derartigen winterlichen Phasen schleichen sich langsam an uns heran, manchmal begleiten sie das langsame Sterben einer Beziehung oder die schrittweise Zunahme der Zuständigkeiten für unsere alternden Eltern oder ganz allgemein den tröpfchenweisen Verlust von Zuversicht. Manche Winter brechen schlagartig ein, wenn man begreift, dass die eigenen Fähigkeiten nicht mehr benötigt werden, dass die Firma, für die man arbeitet, pleite ist oder dass der Partner sich in jemand anderen verliebt hat. Doch ganz gleich, wie sanft oder unsanft der Winter sich auf uns legt: In der Regel haben wir nicht darum gebeten, und er ist mit dem Gefühl von Einsamkeit und großem Schmerz verbunden.

Aber er lässt sich nicht abwenden. Wir stellen uns das Leben immer so gerne als einen wunderbaren, endlosen Sommer vor und glauben, wir hätten als Mensch versagt, wenn es das nicht ist. Wir träumen von einem äquatorialen Dasein, stets nah an der Sonne, von einer einzigen, immer gleichen, warmen Jahreszeit. Aber so ist das Leben nicht. Allein unser Gefühlsleben durchläuft immer wieder stickige Sommer und dunkle Winter, macht Temperaturstürze mit, ist mal viel Licht ausgesetzt, mal viel Schatten. Selbst wenn es uns aufgrund einer gehörigen Portion Selbstdisziplin und schieren Glücks gelänge, ein ganzes Leben lang gesund und glücklich zu bleiben, so könnten wir dem Winter dennoch nicht vollkommen entgehen: Unsere Eltern werden älter und sterben. Freundschaften zerbrechen. Ganz allgemein richten sich so einige Machenschaften des Lebens gegen uns. Und irgendwie, irgendwo, irgendwann versemmeln wir eben doch auch mal irgendwas. Und schon pirscht sich der Winter an.

Ich habe diese Erfahrung bereits sehr früh gemacht. Ich gehöre zu den vielen Frauen meines Alters, deren Autismus jahrzehntelang unentdeckt blieb, und so verbrachte ich meine komplette Kindheit mehr oder weniger in einem Zustand der Kälte. Mit siebzehn rutschte ich in eine Depression, die mich monatelang lähmte. Ich war damals sicher, das nicht zu überleben. Ich wollte es auch gar nicht. Aber irgendwo tief in mir drin fand ich dann doch einen Funken Überlebenswillen, und ich staunte, wie hell er glomm. Mehr noch: Er stimmte mich seltsam optimistisch. Mein persönlicher Winter hatte alles in mir ausgelöscht und mich aufgesprengt. Alles in mir war vollkommen leer, ein weißes Blatt Papier, und ich erkannte meine Chance, ganz von vorne anzufangen. Ich machte einen neuen Menschen aus mir: einen, der hin und wieder unhöflich war und nicht immer das Richtige tat, einen, dessen großes, dummes Herz viel zu verletzlich war, aber auch einen, der seinen Platz in der Welt verdiente, weil er jetzt auch etwas zu geben hatte.

Jahrelang erzählte ich jedem, der bereit war, mir zuzuhören: »Mit siebzehn hatte ich einen Nervenzusammenbruch.« Den meisten war es peinlich, das zu hören, aber manche waren dankbar, eine Gemeinsamkeit mit mir festzustellen. So oder so war ich überzeugt dass über derlei Themen geredet werden musste und dass ich, die ich Strategien erlernt hatte, damit umzugehen, anderen davon erzählen sollte. Das bewahrte mich nicht restlos vor weiteren Tiefs und Abstürzen, aber es minimierte tatsächlich das Risiko. Ich entwickelte ein Gespür für meine Winterphasen – wie lange sie dauerten, wie breit sie sich machten, wie heftig sie zuschlugen. Ich wusste, dass sie vorbeigehen würden. Ich wusste, dass ich einfach nur herausfinden musste, wie ich am besten durch sie hindurchkam, bis der Frühling wieder einsetzte.

Mir ist klar, dass mein Anliegen gegen jede Regel für höflichen Smalltalk verstößt. Dass Menschen phasenweise nicht mit dem ganz normalen Leben zurechtkommen, ist in unserer Gesellschaft immer noch ein Tabuthema. Wir werden nicht dazu erzogen, unsere persönlichen Winterperioden als solche zu erkennen, geschweige denn, ihre Notwendigkeit anzuerkennen. Stattdessen tendieren wir dazu, solche Phasen als Demütigungen zu betrachten, als etwas, das wir besser vor anderen verbergen, wenn wir die Welt nicht schockieren wollen. Nach außen setzen wir eine tapfere Miene auf, und wenn wir allein sind, fallen wir in uns zusammen. Wir tun, als würden wir die Kämpfe der anderen gar nicht sehen. Wir tun, als wäre jede dieser Winterphasen eine beschämende Anomalie, die es zu verstecken oder zu ignorieren gilt. So haben wir es geschafft, aus einem völlig normalen Vorgang ein großes Geheimnis zu machen und all jene, die einen solchen Vorgang durchleiden, zu Aussätzigen zu degradieren, denen nichts anderes übrigbleibt, als sich aus dem täglichen Leben zurückzuziehen, um ihr Scheitern zu verbergen. Und das kommt uns teuer zu stehen. Denn Winter- und Ruhephasen bescheren uns einige der wichtigsten und einsichtsvollsten Momente überhaupt: Menschen, die solche Phasen durchlebt haben, gehen weiser aus ihnen hervor.

In unserer unablässig geschäftigen modernen Welt streben wir aber ständig danach, jede Art von Winter zu vermeiden. Wir wagen es nicht, seine volle Kälte zu spüren, und wir wagen auch nicht, anderen zu zeigen, wie sehr er uns zusetzt. Ein kurzer, knackiger Winter hin und wieder würde uns allen guttun. Wir müssen uns von dem Glauben verabschieden, dass derartige Lebensphasen irgendwie albern seien und schwachen Nerven oder mangelnder Willenskraft geschuldet. Wir dürfen sie nicht länger ignorieren oder versuchen, sie abzuschütteln. Es gibt sie, es gibt sie wirklich, und sie wollen uns etwas sagen. Wir müssen lernen, unsere Winter zuzulassen. Es liegt nicht bei uns, ob ein Winter einkehrt – aber es liegt bei uns, wie wir mit ihm umgehen.

*

Erstaunlich viele Romane und Märchen spielen im Schnee. Unser Winterwissen ist ein Fragment aus der Kindheit, fast wie angeboren. Tiere treffen viele sorgfältige Vorbereitungen, um die kalten, nahrungsarmen Monate zu überstehen: Die einen verkriechen sich monatelang in ihren Bau, die anderen ziehen in wärmere Gefilde. Bäume werfen ihr Laub ab. Das ist alles kein Zufall. Die Veränderungen, die im Winter stattfinden, haben etwas Alchimistisches. Ganz gewöhnliche Wesen machen wundersame Wandlungen durch, um zu überleben. Haselmäuse fressen sich fett, bevor sie in den Winterschlaf gehen, Schwalben fliegen nach Südafrika, Bäume stehen in den letzten Herbstwochen in Flammen. Es gehört nicht viel dazu, die strotzenden Frühlings- und Sommermonate zu überleben. Die wahre Pracht der Natur wird im Winter deutlich, wenn sie trotz magerer Zeiten erblüht.

Pflanzen und Tiere kämpfen nicht gegen den Winter an. Sie tun nicht so, als würde der Winter gar nicht einziehen, sie versuchen nicht, genauso weiterzuleben wie im Sommer. Sie bereiten sich vor. Sie passen sich an. Sie durchlaufen unglaubliche Metamorphosen, um den Winter zu überstehen. Winter ist die Zeit des Rückzugs von der Welt, der maximalen Ausnutzung knapper Ressourcen, brutaler Effizienz und Unsichtbarwerdung – aber genau da findet Verwandlung statt. Winter ist nicht Tod, ist nicht das Ende eines Lebens, sondern eine Bewährungsprobe.

Wenn wir aufhören, uns ständig nach Sommer zu sehnen, kann der Winter eine ganz wunderbare Jahreszeit werden, in der die Welt von sparsamer Schönheit ist und selbst der Asphalt funkelt. Eine Zeit zum Nachdenken, zum Erholen, zum langsamen Wiederaufladen, zum Aufräumen.

All das ist verdammt uncool, und wer die Dinge langsamer angeht, sich mehr unverplante Zeit und mehr Schlaf gönnt, wer sich einfach mal ausruht, handelt heutzutage fast schon radikal – dabei ist genau das doch lebenswichtig. Wir alle kennen solche Momente, in denen wir uns entscheiden müssen: Streifen wir unsere alte Haut ab oder nicht? Wer es tut, ist mehr als nackt, er ist wund, dem tut alles weh, und er kann sich eine ganze

Weile nur um sich selbst kümmern. Und wer das nicht tut, dessen Haut wird verhärten.

Es ist eine der wichtigsten Entscheidungen im Leben.

*

So langsam glaube ich, dass Unglück – das Unglücklichsein – ein ganz einfacher Umstand im Leben ist: ein schlichtes, grundlegendes Gefühl, das respektiert werden muss, vielleicht sogar gewürdigt. Ich würde nicht im Traum darauf kommen, jemandem vorzuschlagen, in Selbstmitleid zu versinken und bloß nichts zu tun, was die Seelennot lindern könnte, aber ich glaube schon, dass wir daraus etwas lernen können. Schließlich hat auch Unglück eine Funktion: Es weist uns darauf hin, dass etwas schiefläuft. Wenn wir nicht so ehrlich sind und uns selbst gestatten, traurig zu sein, dann fehlt uns ein wichtiger Baustein in Sachen Anpassungsfähigkeit. Wir leben in einer Zeit, in der wir bombardiert werden mit Aufforderungen, glücklich zu sein – und werden begraben unter eine Lawine von Depressionen. Ständig heißt es, wir sollen uns nicht über Kleinigkeiten Sorgen machen, aber gleichzeitig haben wir chronische Angst. Ich frage mich oft, ob das nicht ganz normale Gefühle sind, die erst dadurch monströs werden, dass wir sie verdrängen. Ein ganz großer Teil unseres Lebens ist nun mal einfach Mist. Und wird es auch immer sein. Es gibt Zeiten, in denen es uns richtig gut geht, und Tage, an denen wir morgens am liebsten nicht aufstehen würden. Beides ist normal. Beides muss in Relation gesetzt werden.

Manchmal ist die beste Antwort auf unseren Kummer die ehrliche: Wir brauchen Freunde, die unser Leid mit uns teilen, die unsere Schwermut tolerieren und bei denen wir eine Weile schwach sein können, bis wir uns wieder gefangen haben. Wir brauchen Menschen, die anerkennen, dass wir nicht immer durchhalten können. Dass manchmal alles zerbricht. Aber das heißt auch, dass wir all das selbst tun müssen: Wir selbst müssen uns eine Pause gestatten, wenn wir sie brauchen, wir selbst müssen gut zu uns ein. Müssen in unserem eigenen Tempo herausfinden, wie es weitergehen kann. …

Ich akzeptiere den Winter. Ich sah ihn kommen (schon aus weiter Ferne, danke der Nachfrage), und ich sah ihm ins Auge. Ich begrüßte ihn und ließ ihn herein. Ich hatte nämlich ein paar Tricks in der Hinterhand. Die habe ich mir sehr hart erarbeitet. Als ich spürte, wie der Winter anfing, an mir zu ziehen, fing ich an, mich wie ein Lieblingskind zu behandeln: mit viel Liebe und Güte. Ich ging davon aus, dass meine Bedürfnisse berechtigt und meine Gefühle wichtige Hinweise waren. Ich sorgte für gutes Essen und ausreichend Schlaf. Ich unternahm Spaziergänge an der frischen Luft und machte Sachen, die mir guttaten. Ich fragte mich: Worum geht es diesem Winter? Und: Welche Veränderung steht bevor?

Die Natur zeigt uns, dass Überleben viel mit Übung zu tun hat. Manchmal gelingt es durch das Anlegen von Fettpolstern, das Schmücken mit Laub, die Produktion von reichlich Honig, und manchmal muss alles bis auf das absolut Notwendigste zurückgestutzt werden. Und das tut die Natur nicht nur einmal, sie tut es nicht trotzig und nicht in der Annahme, dass sie eines Tages alles richtig machen und für sie alles glattlaufen wird. Nein, die Natur begibt sich immer wieder in einen Winter, immer wieder. Jeden einzelnen Tag arbeitet sie daran. Für Pflanzen und Tiere gilt: Überwintern ist Teil des Überlebens. Und dasselbe gilt für uns Menschen.

Um das mit dem Überwintern besser hinzukriegen, müssen wir etwas an unserem Verständnis von Zeit ändern. Wir gehen in der Regel davon aus, dass unser Leben linear verläuft, dabei geht es zyklisch vonstatten. Selbstverständlich will ich nicht leugnen, dass wir langsam älter werden, aber während wir das tun, durchleben wir Phasen stabiler und instabiler Gesundheit, von Optimismus und tiefen Zweifeln, von Freiheit und Einschränkung. Es gibt Zeiten, in denen uns alles ganz einfach erscheint, und Zeiten, in denen wir alles unfassbar schwer finden. Um mit alldem umgehen zu können, müssen wir daran denken, dass unsere Gegenwart eines Tages Vergangenheit sein wird, und unsere Zukunft Gegenwart. Wir wissen das, weil es schon so oft passiert ist. Was wir hinter uns lassen, wird uns oft wieder einholen. Was uns heute Sorge bereitet, wird eines Tages Geschichte sein. Mit jedem Zyklus, den wir überstehen, arbeiten wir uns ein Stückchen weiter. Wir lernen vom letzten

Mal und machen dieses Mal ein paar Sachen besser; wir entwickeln mentale Strategien, um da durchzukommen. So macht man Fortschritte. Aber eins ist sicher: Es werden neue Dinge kommen, die uns Sorge bereiten. Wir werden die Zähne zusammenbeißen müssen und alles dafür tun, zu überleben.

Bis dahin können wir uns nur mit dem befassen, was uns jetzt, in diesem Moment, direkt bevorsteht. Wir handeln, wo es nötig ist, dann handeln wir wieder. Und irgendwann wird unser Handeln uns auch wieder beglücken.

Erling Kagge

Maria

Als Teenager hörte Andrew Bastawrous zu Hause in England von Menschen, die erblindeten, weil sie die notwendige medizinische Hilfe nicht rechtzeitig bekommen hatten. Andrew beschloss, Augenarzt zu werden. Heute, fünfzehn Jahre später, reist er mit einem Lastwagen samt mobiler Arztpraxis durch das östliche Afrika von Dorf zu Dorf, um zu helfen.

An einem späten Nachmittag, als Andrew und seine Kollegen gerade einen langen Arbeitstag in einem Dorf in Kenia beenden wollten, kam Maria, eine fünfunddreißigjährige Frau, mit ihrem sechs Monate alten Kind zu ihnen. »Offensichtlich war die Mutter blind«, erzählte Andrew, »das sah man nicht nur an ihren Augen, sondern auch an der Art und Weise, wie sie ging. Es gibt bei Menschen eine bestimmte Art des Gehens, wenn sie sich in einer fremden Umgebung befinden und all ihre Sinne nutzen, um sich sicher zu bewegen.«

Maria hatte Gerüchte gehört, dass die Ärzte nur an diesem Tag im Dorf wären. Sie selbst wohnte ein paar Dörfer entfernt und war bei Sonnenaufgang losgegangen. Sie hatte bisher noch nie allein eine befahrene Straße überquert, für sie »eine furchtbare Erfahrung«. Sie hörte nicht nur die Lastwagen, Autos und Motorräder, die an ihr vorbeifuhren, sie spürte auch deren Luftdruck. Sie hatte eine Weile gewartet, ob jemand zu Hilfe kam, aber es kam niemand.

Als es einen Augenblick still war, entschloss sich Maria, die Straße allein zu überqueren. Ein Auto kam hupend von rechts, als sie es beinahe geschafft hatte, sie drückte ihr Baby fester an ihre Brust und rannte weiter. Als sie Gras unter ihren Füßen spürte, wusste sie, dass sie die Straße hinter sich gelassen hatte und sie und das Kind in Sicherheit waren. Die nächsten Stunden nahm sie »wie im Nebel wahr, sie ging, sie stolperte, sie kroch und bat um Hilfe«, bis sie die mobile Praxis fand. Das Kind weinte, und Maria hatte Angst.

Ihre Augen wurden im Licht einer Taschenlampe untersucht, sie hatte einen gewöhnlichen grauen Star in beiden Augen.

Am nächsten Morgen wurde sie operiert, es war rasch überstanden, und bereits am Nachmittag konnte sie mit beiden Augen gut sehen.

Maria hatte noch nie ihr Kind betrachten können, nun hielt sie das Mädchen im Arm, freute sich über das Lächeln ihrer Tochter und prägte sich ihre Gesichtszüge genau ein. Maria wollte unbedingt sofort nach Hause, zu ihren beiden anderen Kinder und zu ihrem Ehemann, aber sie konnte den Ärzten den Rückweg nicht erklären. Sie hatte gehört, dass in der Nähe ihres *shamba*, des Fleckens, wo ihre Familie lebte, ein weißes Schild am Straßenrand stand, aber der Ort selbst hatte keinen Namen.

Andrews Kollegen nahmen sie im Auto mit und hielten Ausschau nach einem weißen Schild. Ohne Erfolg. Zu Fuß hätte Maria den Weg finden können, denn ihre Füße ersetzten ihr die Augen, aber in einem Auto schien es unmöglich zu sein. Schließlich begegneten sie einer Nachbarin von Maria, die ihnen den Weg zeigte. Sie fuhren weiter, aber die Straße wurde zu einem Pfad – sie mussten den Wagen verlassen, um zu dem Dorf zu gelangen. Maria ging los. Ihre Füße kannten den Heimweg.

In ihrem Dorf spielten viele Kinder in einem Fluss. Maria blieb stehen, betrachtete sie und fragte: »Welche sind meine?«

Die Kinder bemerkten ihre Mutter, kamen aus dem Wasser und liefen auf sie zu. Noch während sie ihre Kinder umarmte, fragte Maria: »Wo ist mein Mann?« Alle sahen sich um, und mit einem Mal hörten sie einen Mann rufen: »Maria!« Es war ihr Ehemann. Seine Augen strahlten vor Glück. Zum ersten Mal konnte seine Frau ihn sehen – ein kleines Wunder, das mit einigen Schritten am Tag zuvor begonnen hatte.

Isabel Allende
Die Gemeinschaft von Kibison

Frauen brauchen Verbindung zueinander. Die US-amerikanische Dichterin und Feministin Adrienne Rich sah in den Verbindungen, die Frauen untereinander und miteinander eingehen, die gefürchtetste, die problematischste und die potentiell am stärksten verändernde Kraft des Planeten. Das ist ein spannender Gedanke, der das Unbehagen erklären könnte, das viele Männer befällt, wenn Frauen sich zusammentun. Sie befürchten, dass wir uns verschwören, und manchmal haben sie damit recht.

Seit Anbeginn der Zeit haben Frauen sich am Brunnen versammelt, am Herd, um eine Wiege, auf dem Feld, in der Fabrik und zu Hause. Sie möchten ihr Leben teilen und die Geschichten der anderen hören. Nichts ist vergnüglicher als ein Gespräch unter Frauen, fast immer ist es persönlich und schafft Nähe. Auch Klatschgeschichten sind kurzweilig, warum nicht. Für uns ist es ein Albtraum, wenn wir ausgeschlossen sind und isoliert, denn allein sind wir angreifbar, gemeinsam blühen wir auf. Dennoch leben Millionen von Frauen abgeschirmt von allen und verfügen weder über die Freiheit noch über die Mittel, um sich außerhalb der engen Grenzen ihres Zuhauses zu bewegen.

Vor einigen Jahren besuchte ich mit Lori in Kenia eine kleine Gemeinschaft von Frauen. Man hatte uns ziemlich vage den Weg erklärt, aber Lori, die erheblich abenteuerlustiger ist als ich, sagte, ich solle mir einen Hut aufsetzen, und dann folgten wir einem Pfad, der sich durchs Gebüsch schlängelte. Der Pfad war bald verschwunden, eine Weile gingen wir aufs Geratewohl weiter, ich in dem mulmigen Gefühl, dass wir uns unwiederbringlich verlaufen hatten, aber Lori weiter getreu ihrem Motto, dass alle Wege nach Rom führen. Als ich schon drauf und dran war, im Dickicht in Tränen auszubrechen, hörten wir Stimmen. Der an- und abschwellende Gesang von Frauen, wie Meeresbranden an der Küste. Das war unser Kompass, der uns nach Kibison führte.

Wir erreichten eine Lichtung, eine große Gemeinschaftsfläche mit ein paar einfachen Behausungen und einer Art Schuppen, in dem gekocht und gegessen wurde, die Kinder Unterricht bekamen, Frauen nähten und Kunsthandwerk fertigten. Wir wollten Esther Odiambo besuchen, eine Frau, die studiert, jahrelang in Nairobi gearbeitet und nach ihrer Verrentung beschlossen hatte, in ihr Dorf in der Nähe des Victoriasees zurückzukehren. Dort fand sie eine Tragödie vor. Die Männer führten ein Nomadendasein, kamen und gingen auf der Suche nach Arbeit, es fehlte an wirtschaftlicher Stabilität, die Prostitution gedieh, und durch Aids wurde die Bevölkerung stark dezimiert. Die Generation der Mütter und Väter war nahezu ausgelöscht und übrig geblieben waren die Großmütter und Kinder. An Aids starben Frauen und Männer gleichermaßen.

Als Esther ankam, waren die Kenntnisse über die Krankheit und die Übertragungswege gering, man schrieb sie magischen Ursachen zu und hatte vor Ort keine Behandlungsmöglichkeiten. Esther ging zunächst gegen den Aberglauben vor, sie schulte die Menschen und unterstützte vor allem die Frauen mit dem wenigen, was zur Verfügung stand. Sie setzte ihre gesamte Habe dafür ein. Als Lori und ich ankamen, sahen wir Kinder, die spielten, und andere, die mit Kreide auf kleinen Tafeln Schularbeiten machten oder mit Stöckchen Zahlen und Buchstaben in den Sand schrieben, außerdem Gruppen von Frauen beim Kochen, beim Waschen und beim Fertigen von Kunsthandwerk, das auf dem Markt verkauft wurde, um die Gemeinschaft zu unterstützen.

Wir stellten uns auf Englisch vor, und Esther übersetzte für uns. Als sie sahen, dass wir Ausländerinnen waren, und sich herumsprach, dass wir von weit her kamen, umringten uns die Frauen, boten uns einen roten, bitteren Tee an, wir setzten uns in einen Kreis, und sie erzählten von ihrem Leben, das vor allem aus Arbeit bestand, aus Verlusten, Schmerz und Liebe.

Sie waren Witwen, verlassene Ehefrauen, schwangere Jugendliche, Großmütter, die sich um ihre verwaisten Enkel oder Urenkel kümmerten. Unter ihnen war eine Frau, die uns sehr betagt vorkam, ihr Alter selbst nicht genau wusste, jedoch einem wenige Monate alten Kind die Brust gab. Weil wir unser Erstaunen darüber nicht verhehlen konnten, erklärte uns Esther, manchmal komme es vor, dass bei einer Großmutter erneut der Milchfluss einsetze, wenn sie ihr Enkelkind ernähren müsse. »Sie wird um die achtzig sein«, sagte sie noch. Vielleicht war das übertrieben … Ich habe diese Anekdote schon oft erzählt, und in unseren Breiten glaubt mir das kein Mensch, aber in einem kleinen Dorf am Lago de Atitlán in Guatemala konnte ich etwas Ähnliches beobachten.

Was die Frauen in Kibison erzählten, war erschütternd, einige von ihnen hatten nahezu ihre gesamte Familie durch Aids verloren, trotzdem wirkten sie nicht traurig. In diesem Kreis gab jede Kleinigkeit Anlass zu Gelächter, zu Scherzen, die einen machten sich lustig über die anderen und alle zusammen über Lori und mich. Esther Odiambo fasste das in einem Satz zusammen: »Wenn die Frauen zusammen sind, werden sie fröhlich.« Als wir gegen Abend aufbrachen, wurden wir mit Gesang verabschiedet. Diese Frauen verbrachten ihr Leben singend. Gut möglich, dass es die Gemeinschaft von Kibison nicht mehr gibt, dieses Abenteuer mit Lori liegt Jahre zurück, aber was wir dort gelernt haben, bleibt unvergessen.

Gruppen von Frauen wie die von Kibison kann ich mir mühelos vorstellen, Frauen aller Hautfarben, jeder Glaubensrichtung und jeden Alters, wie sie im Kreis zusammensitzen und einander ihre Geschichten erzählen, von ihren Kämpfen und Hoffnungen berichten, zusammen weinen, lachen und arbeiten. Was für eine Kraft könnten solche Zirkel entwickeln! Millionen von ihnen könnten, miteinander verbunden, das Patriarchat beenden. Das wäre nicht schlecht. Die weibliche Energie ist unerschöpflich, ein nachwachsender Rohstoff, der nichts weiter braucht als eine Chance.

Lily Brett

Zu Fuß unterwegs

New York ist eine Stadt der Fußgänger. Man kann stundenlang zu Fuß gehen. Die Straßenzüge gleiten an einem vorüber. Es gibt so viel zu sehen, so viel zu bestaunen. Ich gehe viel zu Fuß. Vor allem, wenn ich gerade an keinem Buch arbeite.

Ich habe lange gebraucht, um meinen letzten Roman, *Lola Bensky*, zu schreiben. Ich will damit nicht sagen, dass ich lange gebraucht hätte, um mich hinzusetzen und das Buch tatsächlich niederzuschreiben. Ich will damit sagen, dass ich lange gebraucht habe, mich dazu zu überwinden, das Buch zu schreiben.

Ich hatte mir wie immer eine Menge Notizen gemacht. Diese Notizen sammelte ich in Aktenmappen aus Karton. Zehn Mappen. Um jede Mappe kam ein Gummiband. Dann kam ein dickeres Gummiband um alle zehn Mappen. Ich nahm eine alte braune Reisetasche, legte den ganzen Packen hinein und zog den Reißverschluss der Tasche sorgfältig zu. Die verschlossene Tasche kam in eine Schublade eines Aktenschranks aus Metall, und die Schublade schloss ich fest. Ich vergewisserte mich, dass sie wirklich zu war.

Dann lebte ich mein normales Leben. Ich ging spazieren, ich kochte. Ich machte mir Notizen für einen neuen Roman. Hin und wieder kam ich an der fest geschlossenen Schublade des Aktenschranks vorbei, warf einen Blick darauf und ging weiter. Ich brachte es nicht über mich, sie zu öffnen. So vergingen ein Jahr, zwei Jahre, drei Jahre. Einmal öffnete ich mit klopfendem Herzen die Schublade, um mich zu vergewissern, dass alle Mappen noch gut verschlossen in der Reisetasche lagen. So war es. Ich schloss die Schublade wieder.

Nach dreieinhalb Jahren begriff ich, dass ich mich der Arbeit an dem Buch entweder stellen oder das Vorhaben endgültig aufgeben musste. Ich nahm die braune Tasche aus der Schublade des Aktenschranks und gab mir drei Monate Zeit, um mit dem Schreiben zu beginnen oder aber mir darüber klar zu werden, dass ich dieses Buch nie schreiben würde.

Ich packte meine ganzen Notizen aus. Ich legte mein Schreibgerät zurecht. Zur Linken meine Stifte, Bleistifte, Radiergummis, Bleistiftanspitzer, Post-its und Büroklammern. Zur Rechten fünf, sechs Notizbücher in verschiedenen Größen. Sobald ich das alles hergerichtet hatte, fühlte ich mich ruhiger.

Ich begann zu schreiben. Sobald ich begonnen hatte, konnte ich nicht mehr aufhören. Elf Monate lang arbeitete ich sieben Tage pro Woche den ganzen Tag. Ich ging fast nie nach draußen. Ich war überzeugt, dass das fehlende Sonnenlicht einen Vitamin-D-Mangel auslösen musste.

Ich weiß bis heute nicht, warum ich so lange gebraucht habe, mich dazu zu überwinden, dieses Buch zu schreiben. Manchmal erhält man keine Klarheit darüber, wovor man sich fürchtet. Selbst wenn man wie ich viel Zeit und Geld auf Sitzungen beim Analytiker verwendet hat.

Ich hatte vergessen, wie sehr mir das Gefühl fehlte, in einem Roman aufzugehen. So tief in eine andere Welt einzutauchen, dass diese Welt zur Wirklichkeit wird. Dass der Alltag mit seinen unvermeidlichen Ärgernissen und Plagen kaum mehr zu existieren scheint. Die ganze Zeit, die ich an *Lola Bensky* arbeitete, lebte ich im Jahr 1967. Dass wir das Jahr 2011 schrieben, fiel kaum ins Gewicht.

Ich hatte vergessen, wie überraschend Erinnerungen und Gefühle, die seit Jahrzehnten verschüttet gewesen waren, mit größter Klarheit wiederkehren können, wenn man lange genug ruhig abwartet.

Und ich hatte vergessen, wie glücklich mich das Schreiben macht. Als meine Kinder mich sahen, sagten sie, wie viel glücklicher ich wirkte.

Ab und zu ging ich aus dem Haus. Meistens um meinen Vater zu besuchen. Leute, die ich kannte, sagten mir, wie gut ich aussah. Stundenlang dazusitzen kann offenbar der Gesundheit zuträglich sein, schloss ich daraus. Und ebenso, eine Menge Kohl zu essen. Als ich *Lola Bensky* schrieb, war ich ganz verrückt nach Kohl, was vermutlich keine besonders verbreitete Marotte ist. Jeden Abend wollte ich nichts anderes essen als Kohl. Das war mir seit 1998, als ich *Zu viele Männer* schrieb, nicht mehr passiert. Und damals war es nachvollziehbarer gewesen.

Schließlich spielt *Zu viele Männer* in Polen, und Kohl spielt in der polnischen Küche eine große Rolle.

Mein Vater, der damals sechsundneunzig war, wirkte ebenfalls sehr erleichtert, dass ich wieder schrieb. In den dreieinhalb Jahren, in denen die Notizen in der Schublade des Aktenschranks lagerten, hatte er mich öfter als nötig gefragt, ob ich glaubte, ich hätte »den Kniff nicht mehr drauf«. Diese Frage ärgerte mich aus verschiedenen Gründen. Zum einen kann man die Fähigkeit, ein Buch zu schreiben, nicht als »Kniff« bezeichnen, und zum anderen befürchtete ich tatsächlich, ich hätte den Kniff nicht mehr drauf.

Sobald ich zu schreiben begonnen hatte, löcherte mein Vater mich mit Fragen über »den Kniff«. Aus seiner ursprünglichen Frage: »Denkst du, du hast den Kniff noch drauf?«, wurde: »Denkst du, du hast den Kniff noch so gut drauf wie früher?« Ich sagte, ich würde es ihn wissen lassen, sobald ich fertig wäre.

Ich war so glücklich, in meinem Arbeitszimmer zu sitzen und Wörter zu bewegen. Sie anzuordnen und umzustellen, bis sie genau das sagten, was sie sagen sollten. Über irgendwelche Kniffe machte ich mir keine Gedanken.

Während ich *Lola Bensky* schrieb, ging ich überhaupt nicht spazieren. Als ich fertig war, konnte ich es kaum erwarten, das Haus zu verlassen. Ich ging stundenlang. Wörter und Sätze beschäftigten meinen Kopf nicht länger. Man kann in New York spazieren gehen und sich von den Worten anderer Leute inspirieren lassen. Hollywood mag seinen Walk of Fame haben, aber hier in New York haben wir den Library Walk.

Der Library Walk liegt auf der 41st Street zwischen Madison Avenue und Fifth Avenue. In den Gehsteig sind Bronzeplaketten mit Zitaten einiger der großartigsten Schriftsteller der Welt eingelassen. Insgesamt sind es Zitate von fünfundvierzig Autoren, elf Frauen und vierunddreißig Männern, aus elf Ländern und zwei Jahrhunderten. Eine meiner Lieblingsplaketten enthält einige wunderschöne Zeilen aus »In My Craft or Sullen Art« von Dylan Thomas.

Ich bin gern auf den Straßen von New York unterwegs. New York ist eine Stadt des Theaters auf der Straße. New York ist eine Stadt des Theaters. Des Theaters unseres Alltagslebens. Das Theater des Alltagslebens ist oft faszinierender als das echte Theater. Eines Morgens ging ich in SoHo spazieren. Auf den Straßen war noch nicht viel los. Es herrschte Stille. Man konnte das leise Geräusch des Regens hören. An der Ecke von Prince Street und Wooster Street führten ein Mann und eine Frau ein sehr angestrengtes Gespräch. Sie waren beide Anfang bis Mitte sechzig und sehr schön – wenn auch eigenwillig – gekleidet. Der Mann sah sehr gut aus. Auf eine Weise, die selbst jungen Frauen den Kopf verdreht.

An der Art, wie sie dort standen, konnte man ablesen, dass sie sich gut kannten. Aber sie stritten. Ihr Streit hatte etwas beinahe Vornehmes, Förmliches. Keine erhobenen Stimmen, keine Aufgeregtheit, und doch war nicht zu verkennen, dass es um etwas sehr Ernstes ging.

Er redete mehr als sie. Er sah aus, als bäte er um Verzeihung. Er legte ihr die Hand auf den Kopf und versuchte sie zu küssen, doch sie wich seinem Kuss aus. Er sah aus, als bäte er sie sehr eindringlich. Und sie gab nicht nach. Er hatte ein sehr einnehmendes Lächeln. Ich fragte mich, wie sie es fertigbrachte, seinem Bitten zu widerstehen. Er hatte sich offenbar etwas Gravierendes zuschulden kommen lassen.

Ich war so gebannt von dem Geschehen, dass ich stehen blieb. Ich stand in einem Hauseingang. Man sieht nicht oft Leute um die sechzig in einer derart emotionalen, leidenschaftlichen Situation. Diese Art von Leidenschaft ist für gewöhnlich jungen Leuten vorbehalten, jedenfalls in der Öffentlichkeit.

Nun sah der Mann aus, als flehte er sie inständig an. Sie schüttelte sehr entschieden den Kopf. Beide waren inzwischen regennass. Plötzlich fiel der Mann auf die Knie. Er hob die gefalteten Hände und lächelte zu ihr hoch.

Mir war klar, dass er um Vergebung bat. Sie schüttelte wieder den Kopf und ging davon. Er blieb noch etwa eine Minute lang im Regen knien, bevor er aufstand und ihr nachlief. Ich wäre ihnen am liebsten gefolgt. Sie sahen so sehr aus, als wären sie füreinander geschaffen. Ich hätte sie gern gefragt, was so unverzeihlich war. Aber ich hatte keinen Regenschirm dabei und war schon ziemlich durchnässt.

In den folgenden Monaten hielt ich bei jedem Spaziergang Ausschau nach diesem Paar. Einmal war mir, als sähe ich die Frau. Ich telefonierte gerade mit einer Freundin. Ich bemühe mich, beim Gehen nicht zu telefonieren. Ich bin ohnehin nicht sehr geübt darin, zwei Dinge gleichzeitig zu tun. »Meine Vagina verkümmert«, hatte meine Freundin gesagt. Ich hatte gelacht, weil ich das für einen Scherz hielt. Damals war ich noch naiv genug zu denken, kein Körperteil könne verkümmern und dieser schon gar nicht. Ich hatte das Gespräch schnell beendet.

Später schämte ich mich, nicht mehr Anteilnahme an ihrer Vagina bekundet zu haben. Die meisten von uns sprechen nicht genug über ihre Vagina. Ich hatte das Gespräch beendet, weil ich der Frau folgen wollte, die ich gesehen zu haben glaubte. Aber sie war es gar nicht. Es war jemand anders. Ich ging weiter.

Ich gehe oft zu Fuß, um geistige Klarheit zu erlangen. Das Gehen hilft mir, meine Gedanken zu ordnen. Ich gehe auch zu Fuß, um mich zu beruhigen. Ich bin kein von Natur aus ruhiger Zeitgenosse. Das ist eine Untertreibung.

In der Nacht, in der meine ältere Tochter bei der Geburt ihres ersten Kindes mit langen und schmerzhaften Wehen im Krankenhaus lag, wanderte ich um den Block herum, schneller und schneller. Stundenlang. Ich versuchte eine Mischung aus Übererregtheit und Besorgnis durch Gehen zu bezwingen. Es gab keinen Grund zur Besorgnis außer den üblichen mit einer Geburt verbundenen Risiken. Aber normale Besorgnis war noch nie meine Stärke. Jede Besorgnis wächst sich bei mir zu blankem Terror aus. In jener Nacht konnte ich gehen, so viel ich wollte; es beruhigte mich nicht.

Elena Ferrante
Scharfe Schnitte

So weit ich zurückdenken kann, haben mir Veränderungen nie Angst gemacht. Ich bin mehrfach umgezogen, erinnere mich aber nicht an besondere Unannehmlichkeiten, an Heimweh oder an lange, schwierige Phasen der Eingewöhnung. Viele Menschen hassen es, umzuziehen, manche halten es sogar für lebensverkürzend. Mir gefällt am Ortswechsel vor allem das Wort, es erinnert an den Schwung eines Weitsprungs, an das Sammeln der Kräfte, mit denen man sich an einen anderen Ort katapultiert, wo alles erst noch entdeckt und erlernt werden muss. Kurz, ich glaube, ein Wechsel hat stets eine positive Seite. Er fördert, zum Beispiel, die Erkenntnis, dass wir viel unnützes Zeug angehäuft haben, dass es falsch war, es für nützlich zu halten, dass das, was wir wirklich brauchen, verschwindend wenig ist, dass wir uns an Gegenstände, Orte und manchmal an Menschen binden, ohne die unser Leben nicht nur nicht ärmer wird, sondern sich neuen Chancen öffnet. Wenn die Veränderungen dann auch noch radikal sind, neige ich nach einiger Unsicherheit zur Euphorie. Dann fühle ich mich wie in meiner Kindheit, wenn ich mir alles Mögliche ausdachte, nur um draußen zu sein, während ein Gewitter aufzog und ich klitschnass werden wollte, bevor meine Mutter mich wieder einfing. Durch diese Veranlagung lernte ich die Kehrseite der Veränderung, das Leid, erst frevelhaft spät kennen. Ich rede hier nicht von jemandem, der seine ganze Existenz plötzlich auf den Kopf gestellt sieht und im Schneckenhaus seiner Gewohnheiten ausharrt, die den Anschein von Endgültigkeit haben, bis er feststellt, dass keine Reaktion etwas ausrichten kann, und er sich melancholisch damit abfindet, dass es morgen die Welt von gestern nicht mehr geben wird. Mich hat nie wirklich beschäftigt – auch literarisch nicht –, wie schön doch das Leben vor irgendeiner Revolution gewesen sei. Ich habe stets eher Freude an Umwälzungen gehabt, weshalb mir erst spät auffiel, dass diese Freude, diese Begeisterung nicht zwangsläufig im Widerspruch zu einem tieferen Schmerz stand. Wenn man es recht bedenkt, gab es, zum Beispiel, neben der großen, spontanen Freude, mit der wir die wichtigen Veränderungen für uns Frauen begrüßten, auch einen leisen Schmerz, von dem wir uns, soweit ich weiß, wenig erzählten. Die Kleider des Gehorsams abzulegen, die unsere Mütter uns schon in unseren ersten Lebensjahren auf den Leib geschneidert hatten, und streitbarere anzuziehen, machte uns trotz des positiven Charakters dieses befreienden Akts auch Angst. Wir reißen uns nicht die Haut, die unsere zu sein schien, herunter, ohne zu leiden. Wir lösen uns nicht einfach so von dem, was wir gewesen sind. Wir richten uns nicht in einer unvorhergesehenen Form ein, ohne zu befürchten, sie könnte nicht passen. Die Begeisterung über die Befreiung überwiegt, aber die anästhesierende Wirkung der Freude schaltet die Realität des Schnitts nicht aus.

David Van Reybrouck

Ode an das Wiedersehen

Ich sitze im Zug von Albany nach New York und schreibe mit der Hand. Neben den Bahngleisen strömt majestätisch der Hudson. Jenseits des Flusses: rostfarbene Wälder, die düstere Silhouette der Catskill Mountains. Ich bin für einen Monat Writer in Residence in der ländlichen Umgebung des Hudson Valley. Wenn ich gleich in Manhattan bin, werde ich bei jemandem klingeln, den ich längst tot geglaubt hatte.

Vor zwanzig Jahren reiste ich zum ersten Mal in die USA. Als Doktorand der Vorgeschichte besuchte ich einen großen Kongress über menschliche Evolution auf Long Island. Er fand in den Cold Spring Harbor Laboratories statt, einer Forschungseinrichtung, die damals von James Watson geleitet wurde, einem der Entdecker der DNA-Struktur in den Fünfzigerjahren.

Im Foyer stand ein maßstabsgetreues Modell der Doppelhelix. Befreundete Primatologen ließen sich davor fotografieren und sprachen vom »Doppelfelix«. Ich schüttelte dort einem alten, bizarren Mann mit einer unglaublich albernen Mütze die Hand. Er hatte achtzehn Ehrendoktorate und einen Nobelpreis, unser Watson. Doch die Nobelpreismedaille ließ er zehn Jahre später achselzuckend versteigern, etwas, was kein einziger Preisträger vor ihm jemals getan hatte. Nach ein paar rassistischen Äußerungen war er in Ungnade gefallen und vorübergehend in Geldnot geraten. Die Medaille brachte vier Millionen Dollar ein.

Als junger Wissenschaftler war ich im allerseltsamsten Phänomen des amerikanischen Campuslebens untergebracht: *shared accommodation,* ein Doppelzimmer mit jemandem vom selben Geschlecht. Ich befürchtete die Ankunft irgendeines selbstsicheren Widerlings, der sich nonstop mit seinen Forschungsergebnissen brüsten würde, doch zu meiner Erleichterung war mein Zimmernachbar nach eineinhalb Kongresstagen immer noch nicht aufgetaucht. Noch mitgenommen vom Jetlag, haute ich mich auch in der zweiten Nacht früh in die Falle, mit zunehmendem Triumphgefühl, weil ich die Alleinherrschaft über diese Holzhütte hatte.

Ich döste ein.

Dann ging die Tür auf. Im Licht der Türöffnung erblickte ich eine gedrungene Gestalt, die mit melodiöskrächzender Stimme »Hi!« rief. Ein alter Mann, dachte ich, nanu? Mit einer Entschuldigung machte er das Licht an und stellte seine Tasche auf das leere Bett. »Ähm, hallo«, antwortete ich und tastete nach meiner Brille.

Der Mann sagte, er heiße Bob und sei hier einfach aus Interesse. Hobby: Kongressbesucher. Er bewegte sich außerdem sehr seltsam. Sein Nacken wirkte massiv. Wenn er den Kopf drehen wollte, musste er den ganzen Körper drehen.

In den folgenden Tagen lernte ich ihn besser kennen.

Wenn wir abends nach den vielen Veranstaltungen im Bett lagen, er in seinem und ich in meinem, *mind you*, erzählte er mir Episoden aus seinem Leben. Er war Arzt und stammte aus einer jüdisch-russischen Familie. Sein Urgroßvater, Baujahr 1854, war in die USA ausgewandert. Sein Vater, ein Kommunist, hatte ihm nach dem Zweiten Weltkrieg eingeschärft: »*Bowb*, there is a god, but we don't believe in him.« Eine Auffassung, die Bobs zweite Frau, mit der er in einem Appartement an der Upper East Side wohnte, nicht mit ihm teilte.

Bob war Internist, spezialisiert auf Alkoholismus und andere Formen von *substance abuse*. Ich erzählte ihm vom Alkoholismus in meinem näheren Umfeld, denn ich komme aus einem durstigen Teil der Welt, aber er äußerte weder einen Rat noch ein Urteil. Stellte nur ein paar Fragen. Heilkunde war für ihn keine Form von selbstgefälliger Allmacht, sondern von neugieriger Ohnmacht.

Bob war neugierig auf alles. Medizin, Evolution, Kunst, Geschichte, Politik, Religion, Literatur. Er hatte einmal Kurt Vonnegut eingeladen zu einer Lesung in seinem New Yorker Krankenhaus. Nach *Slaughterhouse Five* war Vonnegut weltberühmt geworden, doch Bob hatte ihm am Telefon gesagt, dass kaum Geld vorhanden sei für ein Honorar. Worauf Vonnegut trocken erwidert hatte: »*How about lunch?*« Die beiden wurden gute Freunde. In einem seiner Bücher bezeichnete Vonnegut Bob als »Heiligen«, und was er damit meinte, geht aus seiner unglaublichen, klassisch gewordenen Definition hervor:

»Mit Heiligen meinte ich Menschen, die sich in einer erstaunlich unanständigen Gesellschaft anständig benehmen.«

Bob erzählte mir während unserer nächtlichen Unterhaltungen, dass er in Vietnam mit dem Jeep auf eine Mine gefahren sei. Der Fahrer war auf der Stelle tot. Er selbst hatte Metallteile in den Nacken bekommen. Operation. Seitdem konnte er den Hals nicht mehr bewegen.

»Magst du nach dem Kongress ein paar Tage zu uns kommen?«

Ich bekam ein Gästebett und lernte von seiner strengjüdischen Frau, wie ich die beiden Anrichten in der Küche benutzen musste. Als ich an einem schlaftrunkenen Morgen die Milch falsch abgestellt hatte, erhielt ich Nachhilfeunterricht, und Bob bog sich vor Lachen. Liebe, das ist vor allem, einander nicht ändern zu wollen, glaube ich.

Beim Abschied schenkte ich ihnen einen Stapel Bücher, die ich bei Strand gefunden hatte. *The Discovery of Heaven. The Sorrow of Belgium. Cheese.* Wenige Monate später verlor ich fünf Freunde bei einem Unglück und zertrümmerte mein Leben. Obwohl ich Bob davon berichten wollte, schaffte ich es nicht. Keine Kraft, glaube ich. Einen Monat später noch nicht, sechs Monate später noch nicht. Um die Zeit, als ich es konnte, war es peinlich: Wenn es so wichtig war, warum dann schweigen, argumentierte ich an seiner Stelle. Das machte ich damals noch, anstelle anderer denken.

Achtzehn Jahre gingen vorüber. In die USA reiste ich fast nie. Afrika war es, das an meinen Reisekoffern zog. Aber vor zwei Wochen hielt ich einen Vortrag im Metropolitan Museum. Ich lief durch sein altes Viertel und ging davon aus, dass er längst verstorben sei. Als ich nach der Veranstaltung eine Pizza in der Gegend aß, kam ich mit einem Paar um die fünfzig ins Gespräch. In New York, begriff ich, kommt man immer mit jemandem ins Gespräch, und sei es nur, weil man niesen muss. Der Mann war ein Urologe, der in der Gegend viele Prostatae operierte. Ich fragte ihn, ob er Doktor Robert Maslansky zufällig noch gekannt habe. Das hatte er nicht, aber ein paar Tage später mailte er mir, dass Bob noch immer lebe und schon seit 59 Jahren Arzt sei. Hier eine Adresse.

Nachricht von mir: »Are you that man?«

Antwort: »I am that man.«

Achtzehn Jahre ist es her. Der Hudson wird immer breiter. In der Ferne sehe ich die Silhouette einer Stadt. Gleich klingele ich an seiner Tür.

Chris Yates
Das Unbekannte

Ich besitze keine Uhr. Wenn die mechanische Zeit für das langsame Fortschreiten der Sommersonnenwende schon zu schnell abläuft, so könnte sie sich niemals auf den ungewissen Rhythmus der Nacht einstellen. Mit ihren Phasen, Pausen und unvorhersehbaren Ausscherern widerstrebt die Nacht nicht nur der Uhr, sie spottet ihr. Insofern konnte ich unmöglich sagen, wie lange ich im Wald gewesen war. Es fühlte sich wie Stunden an, doch als ich wieder auf den offenen Hügel kam, hatte sich der Mond nicht sonderlich weit nach Westen weitergewölbt, und auch das Glimmen hinterm nördlichen Horizont hatte nicht merklich zugenommen. Die Welt aber wirkte nach dem dusteren Waldesinneren morgendlich.

Alles schien wie vergrößert; das Tal, durch das ich gegangen war, kam mir tiefer vor, und der dünne Nebelschleier entlang des Tals war jetzt ein breiter weißer Fluss; die Baumlinie im Westen, die mir noch so nah vorgekommen war, als das Reh hinter meinem Rücken auftauchte, hatte sich weit zurückgezogen, während sich der nördliche Horizont in die Höhe gereckt zu haben schien. Hatten sich die Entfernungen geweitet, so erschienen mir nahe Details jetzt kristallklar. Zu meinen Füßen funkelte ein halber Mond in den Tautropfen einzelner Grashalme, und wo sich der spätblühende Holunder über den

Pfad beugte, konnte ich jede einzelne fünfzackige Blüte erkennen.

Unterm dunklen Dach der Bäume hatte ich fast nichts sehen können, aber der Reiz des mitternächtlichen Waldes liegt weniger in der Sicht als im Klang – Geräusche wie das manische Geplapper einer Dachsfamilie, der widerhallende Ruf einer Eule oder das nach einer Spielzeugeisenbahn klingende Puffen eines verliebten Igels. Doch entgegen meiner anfänglichen Vermutung, dass die Nacht vor Leben rascheln würde, war das Einzige, das ich nach der Taube und dem fliehenden Fuchs hörte, eine dahinflitzende Weißfußmaus und alsdann eine im Nest fluchende Krähe, die ich gestört hatte. Offenbar war das Nachtleben schon ins Mondlicht abgewandert, wo ich ihm womöglich gesenkten Kopfes später noch begegnen würde. Nach dem Wirrwarr des Waldes war ich erleichtert, wieder in offenem Gelände zu sein, sodass ich mit leichtem Schritt, aber gutem Tempo über die Hügelkuppe ging, um in den Schatten einer weiteren Niederung zu tauchen, die sich zunächst zwischen Bäumen nach Osten neigte, ehe sie nordwärts zu den höheren Hängen bog.

Die Luft am Talboden war wie immer nachts kühler und zudem auch weniger diesig als in der vorigen Niederung. Obwohl der Mond noch nicht hoch genug stand, um Licht auf den grasbewachsenen Pfad zu werfen, konnte ich dessen Spur gut erkennen, wobei das tiefe Dunkel vor allem einen grünlich leuchtenden Punkt fünfzig Meter vor mir offenbarte, der wie eine gelandete Sternschnuppe aussah. Es war ein Glühwürmchen, und als ich näher kam, sah ich, dass es an einen Grasstängel neben dem Pfad geklammert saß. Ohne es zu stören, kniete ich nieder und streckte den Arm aus, bis sich das wundersame Licht in meiner Hand brach.

Dieses leuchtende Insekt, ein nicht seltenes Juwel in meiner Gegend, kommt am späten Abend aus seinem Unterschlupf und schickt sein hoffnungsvolles Leuchten in die Nacht, bis es in der Morgendämmerung wieder in sein unterirdisches Bett schlüpft. Das etwa zwei Zentimeter große Weibchen sieht aus wie eine gestreckte Assel, ist aber in Wirklichkeit ein flügelloser Käfer. Die großäugigen, geflügelten Männchen sind nur halb so lang, glimmen deutlich schwächer und sehen viel käferhafter aus. Doch wie ich kürzlich las, gelingt es den Weibchen nicht mehr, mit ihrem verführerischen Glimmen die vorbeifliegenden Männchen anzuziehen, da diese von den helleren Lichtern der ländlichen Nacht fortgelockt werden. Da mag etwas dran sein; erst kürzlich kam ein männliches Glühwürmchen bei mir daheim ins elektrisch erleuchtete Zimmer, aber sicher ist ein ebenso großes Problem, dass weite Teile ihres natürlichen Habitats durch Insektizide und Herbizide, Überweidung und andere Störfaktoren dezimiert wurden. Obwohl es in meiner Gegend nicht gerade viele Lichter gibt, die die Männchen verwirren könnten, war das Weibchen auf dem Grasstängel erst das dritte, das ich in diesem Jahr gesehen habe.

Noch vor wenigen Jahren war der Pfad in einer ähnlichen Juninacht zu beiden Seiten von Dutzenden Glühwürmchen hellauf erleuchtet wie eine Straße in einem Elfendorf.

Ich wünschte dem Insekt eine strahlende Zukunft und lief weiter die Niederung hinauf, vorbei am Rumpf einer seit langem toten Esche, in der einmal ein Schleiereulenpaar gewohnt hatte, eine weitere Spezies, die ich heute seltener sehe als früher. Von der Baumlinie zu meiner Linken stieß ein Vogel, der sicher keine Eule war und auch keiner der mir bekannten nachtaktiven Vögel, ein seltsames *ka-kak, kakak-kak-kak* aus. Ein Vogel war es jedoch gewiss, da sich das Geräusch zu schnell entfernte, als dass es von einem anderen Tier stammen konnte, wobei es eventuell auch eine Todesfee mit Halsweh hätte sein können. Vielleicht beschreibe ich es morgen einem meiner vogelkundigeren Freunde; wahrscheinlich wird er lachen und mir erklären, dass es irgendein gewöhnlicher Zugvogel, irgendein Nachzügler war und ich auch selbst darauf hätte kommen können, wohingegen ich im Stillen hoffe, dass er genauso perplex sein wird wie ich. Aber noch während ich über diesen Vogelruf schreibe, fällt mir ein, dass ich im letzten Jahr, zu etwas späterer Zeit, auf dem sternenbeschienenen Heimweg mit einer Freundin genau den gleichen Ruf gehört hatte. Wir waren gerade an einem kleinen Wäldchen vorbeigegangen und drehten uns beide abrupt um, weil der Ruf aus den Bäumen kam und uns sein Aufsteigen sagte, dass er von einem auffliegenden Vogel stammte. Obgleich die Abendröte das Wäldchen noch konturierte, sah keiner von uns etwas darüber hinwegfliegen, wiewohl der Vogel an der ungeheuren Lautstärke des Rufes bemessen ziemlich groß sein musste. Nachdem wieder Stille eingekehrt war, sah ich meine Freundin an, auf deren blassem Gesicht eine hübsche Mischung aus Verwunderung und Schrecken lag.

Das Moment des Ungewissen gehört zum besonderen Vergnügen der Nacht. Manchmal ist es interessanter, etwas *nicht* zu wissen; und obwohl ich die meisten der häufiger vorkommenden nachtaktiven Tiere in diesem Land kenne, gefällt es mir, dass die Identität eines mit nur einem Auge oder Ohr erahnten Wesens offen ist für Interpretation. Gerade in einer Zeit, in der alles und jeder nach genauen Informationen, präzisen Beschreibungen und sofortiger Wiedererkennung schreit, empfinde ich eine perverse Freude daran, dass die Wirklichkeit der Nacht ungleich schwieriger einzuordnen ist. Sie öffnet mir nicht nur ein einzigartiges Fenster auf die wilden Tiere meiner Umgebung, sondern stillt auch mein Verlangen nach dem Anderen, Unberührten, oftmals Unbekannten.

Andrzej Stasiuk
Last call

Ich fuhr nachts durch den Wald. Es war zehn, vielleicht elf. Entlang der Straße lagen Schneewehen. Zum einen Dorf waren es drei Kilometer, zum anderen auch etwa drei. Kurzum – für unser Land eher eine menschenleere Gegend. Der Frost war ordentlich, mehr als zehn Grad minus.

Da erblickte ich im Scheinwerfer zwei grüne phosphoreszierende Punkte. Ich freute mich: ein Wolf. Den letzten Wolf hatte ich zwei Jahre zuvor gesehen, morgens um sieben, mitten im Dorf. Er hatte die Landstraße überquert und mich kaum angesehen. Nicht einmal schneller war er gegangen, sondern einfach seines Weges. Ein alter, einsamer Rüde. An einem hellen Sommermorgen. Also freute ich mich, dass hier wohl wieder einer war, und wie es sich gehört, in einer frostigen Winternacht. Doch was ich da sah, war zu klein, zu schmal *en face,* und es hatte große Hängeohren. Und das Tier ging gar nicht auf Wolfsart, sondern schleppte sich Pfote um Pfote vorwärts, wackelig und hoffnungslos. Ich hielt an, stieg aus und ging ihm ein Stück entgegen. Ich hockte mich hin und wartete, bis es kam.

Es war ein Hund. Er näherte sich und blieb dann stehen. Langsam streckte ich die Hand aus. Er stupste sie mit der kalten Nase an und hob den Schädel. Seine Augen waren traurig, trauriger noch als die Hängeohren.

»Wohin gehst du denn?«, fragte ich ihn und strich ihm über den Kopf.

Er versuchte, mit dem Schwanz zu wedeln, aber dann ließ er es, denn es war klar, dass er durch diese grundlegende Hundegeste das Gleichgewicht verlieren würde. Er hatte ein dünnes Halsband. Ich führte ihn zur hinteren Autotür. Offensichtlich hatte er eine Vorstellung von Autos, denn er versuchte, hineinzuspringen, aber er hatte einfach nicht die Kraft. Ich half ihm, auf den Sitz zu klettern. Er legte sich hin, schaute mich noch einmal an und schlief sofort ein. In einem fremden Auto, mit einem fremden Menschen. Ich hatte noch etwas zu erledigen, also waren wir eine gute Stunde unterwegs. Er schlief die ganze Zeit in derselben Position. Ich hielt an, stieg aus, stieg wieder ein, und er hob nicht einmal den Kopf.

Als wir endlich zu Hause waren, sah ich ihn mir genauer an. Er war relativ klein, ein Hund »mittlerer Größe«, wie es heißt. Das Fell schwarz wie Pech, mit schönen lohfarbenen Abzeichen an den Pfoten und an der Schnauze, auf der Brust ein weißer Pfeil. Das Halsband grau mit einem Motiv aus Hundepfoten. Ich gab ihm zu fressen und zu trinken und ging ins Internet, denn wir hatten immer nur Promenadenmischungen gehabt, und der hier sah aus wie ein Rassehund. Und ich fand ihn: ein slowakischer Jagdhund, eine Schwarzwildbracke, wie sie im Buche steht, auf der anderen Seite der Karpaten *kopov* genannt. Ich wusste gar nicht, dass die Slowaken einen Hund erfunden hatten. Aber hier, bitte schön, und er war sogar gelungen: der Schädel zwar etwas zu groß geraten, der Schwanz zu lang, aber als Ganzes – sehr schön und von unaufdringlicher Anmut. Und er besitze eine sehr gute Orientierung im Gelände, stand da noch. Nun ja.

Eben. Wohin geht ein Hund, der seinen Herrn verliert? Oder ein ausgesetzter Hund? Was empfindet sein Hundeherz, wenn es in der kalten, dunklen Luft nach nichts Bekanntem riecht? Das ist ja, als fände sich ein Mensch innerhalb eines Augenblicks auf einem anderen Kontinent wieder. Als wäre er – sagen wir, in Piotrków Trybunalski – für einen Moment vor seinem Fernseher eingeschlafen und würde in Bamako wieder aufwachen, zu allem Überfluss in der Nacht. Ja, sogar noch schlimmer, denn der Mensch hat immer auch noch irgendwas anderes im Leben, aber der Hund hat nur seinen Herrn. Wohin war er unterwegs? Was hatte ihn durch die paar Tage und Nächte geleitet? Haben Hunde eine Hoffnung, die sie durch das winterliche Dunkel führt?

Ich googelte und dachte nach, und er fraß nur wenig und trank viel Wasser. Auf dem Holzboden rutschten ihm die Hinterpfoten weg. Er kam nicht die Treppe hinauf. Vielleicht hatte er das ganze Leben im Parterre verbracht?

Aber nach ein paar Tagen kehrte sein Appetit zurück. Er fraß und fraß. Ich wusste nicht, dass ein »Hund mittlerer Größe« so viel verschlingen kann. Er sah aus, als hätte er einen Fußball verschluckt. Wie die Boa bei Saint-Exupéry. Sein Fell begann zu glänzen, und wir mussten das graue Halsband lockern. Wir verbreiteten die Nachricht in der Gegend und bei Tierärzten, die wir kannten. Eine slowakische Schwarzwildbracke ist schließlich nichts Alltägliches, kein gewöhnlicher Hund. Wir schauten nach, ob er einen Chip hatte. Er hatte keinen. Natürlich setzten wir ihn auch in Facebook. Facebook war begeistert: Was für ein schöner Hund! Aber das war alles.

Wir wissen immer noch nicht, ob er jetzt unser Hund ist. Denn woran sollten wir das auch erkennen? Schließlich ist er durch diese Winternacht gegangen, um seinen Herrn und sein Zuhause zu finden. Mit dem Bild eines Hauses und eines Menschen in seinem Hundeherzen. Jetzt sitzt er zwar auf dem Sofa, er folgt uns mit dem Blick, und wenn er unsere Gegenwart spürt, schlägt sein schwarzer, etwas zu langer Schwanz rhythmisch auf den Fußboden. Aber wir wissen nicht, ob er unser Hund ist.

Deshalb betrachten Sie dies hier bitte als *last call*. Ich habe ihn im Wald zwischen Banica und Wołowiec in den Niederen Beskiden gefunden oder auch getroffen, einen oder zwei Tage vor Silvester.

Es genügt, eine Seitenstraße zu beschreiten

»Eins der 11. Gebote: ›Kein Tag ohne unbekannten Weg!‹«

Peter Handke

»Ein Schritt rechts oder links von den gewohnten Schritten: Neuland.«

Peter Handke

»Sich in einer Stadt nicht zurechtfinden heißt nicht viel. In einer Stadt sich aber zu verirren, wie man in einem Walde sich verirrt, braucht Schulung.«

Walter Benjamin, Berliner Kindheit um Neunzehnhundert

Durs Grünbein

Psyche läuft

Es gibt Tage, da hilft nur das Laufen mitten hinein
In den Menschenstrom, der die Straßen füllt bis zum
Rand.
Laufen, Laufen – süchtig, wie du bist nach Gesichtern,
Eine Schneise schlagen durch den dichten Verkehr.
Dann wird die Stadt zur offenen Psychiatrie. Unerkannt
Trägst du, was nur du tragen kannst, das Gewicht
Deiner Psyche. Fühlst dich angenehm leer.
Es gibt dich, es gibt dich nicht – du, mit jedem gemein.

Einsamkeit war die Menge, die jeder teilte,
Und seit der Schulzeit der größte Schwindel:
Mathematik.
Eine Übung, sich selbst zum Verschwinden zu bringen,
Grausame Lehre, die jede Vermessenheit heilte.
Die Lösung hieß Laufen, Laufen. Vom Hirn, vom Genick
Ging es aus durch die Stadt in konzentrischen Ringen.

Marco Lodoli

Es genügt, eine Seitenstraße zu beschreiten

Wenn der Frühling auf seinem Höhepunkt und die Luft voller neuem Licht ist, rumort irgendetwas Unbekanntes in uns, und nichts erscheint uns reizvoller, als uns den Verpflichtungen auf eine halbe Stunde zu entziehen und ganz zufällig in eine Straße am Stadtrand einzubiegen, eine von denen, die Enthüllungen und Entdeckungen verspricht.

Rom ist großzügig: Viele seiner Wege sind Romane, in denen Personen, Plätze, Situationen in einer überraschenden Handlung zusammenkommen, wo jede Seite sich mit der vorigen verbindet, sie bekräftigt oder Lügen straft. Es genügen ein Moped und ein Quäntchen Neugier, um die üblichen vorgegebenen Wege zu verlassen, etwas zu riskieren.

So ist zum Beispiel die Via Collatina Vecchia zwischen der Via Salviati und der Via del Flauto als eine Reise auf Umwegen zu erzählen. Sie beginnt mit einem Sinti- und Romalager, das wie eine Favela wirkt: Entlang der Straße schieben Dutzende Roma Karren, beladen mit allerlei Gegenständen, Schlangen von Menschen, die aus ihren Schlupflöchern kommen und wie ganz viele kleine Ameisen wirken. Von oben betrachtet ist das Lager ein Gewimmel von Frauen und Kindern, die zwischen menschenunwürdigen Baracken spielen, zwischen Trümmern und

Wellblech, Schlamm und weißen Parabolantennen und alten Mercedes-Wagen.

Nach ein paar hundert Metern, nach vielen kleinen Gärten, in denen Kraut und Kochsalat wächst, wo unverdächtige Großstadtbauern arbeiten, mit Hacke und Handy, erhebt sich die verlassene Stazione Palmiro Togliatti. Sie liegt an der Hochgeschwindigkeitslinie, in der Zukunft, die an Gegenwart und Vergangenem vorbeischießt. Von einem wild bewachsenen Abhang steigt eine blonde Prostituierte herunter, ein Buch in der Hand und gefolgt von einem Kunden mit gesenktem Kopf: Sie sind kurz davor, sich in einem Durcheinander aus Pflanzen und Plastiksäcken niederzulassen. Rechts, inmitten von üppig hochaufgeschossenem Unkraut, erinnert eine Ädikula [kleiner antiker Tempel bzw. kleiner Aufbau zur Aufnahme eines Standbildes] aus dem Jahr 1752 mit einer lateinischen Inschrift daran, dass Papst Benedikt XIV. das alte römische Aquädukt hat restaurieren lassen. Feldwege eilen wie verwilderte Hunde in alle Richtungen, ein Stückchen entfernt befindet sich die Autobahn nach L'Aquila, und noch weiter entfernt knipst sich eine fiebernde Elektrozentrale an.

Das ist Rom, ein Puzzle aus scheinbar unvereinbaren Teilen, und doch genügt es, eine Seitenstraße zu beschreiten, um eine perfekte Landschaft zusammenzuhaben, es genügen fünfzehn Minuten windwärts.

Lily Brett

Geografische Zwischenfälle

Die Freude am Spazierengehen habe ich erst spät im Leben entdeckt. Mit Anfang vierzig. Ich bin mit einem Vater aufgewachsen, der nie zu Fuß ging. Er wäre einen halben Häuserblock weit gefahren, um Milch zu holen, und ich tat das Gleiche, bis ich nach New York zog. Wer in New York lebt, ist mehr oder weniger gezwungen, zu Fuß zu gehen. Man kann nicht einfach ins Auto steigen und irgendwohin fahren. Man käme nie an, und wenn, dann könnte man seinen Wagen nirgends abstellen. Für Spaziergänger ist die Stadt ein wahres Eldorado. Die Straßen sind eine Theaterbühne mit ständig wechselndem Programm. Alle paar Schritte taucht eine neue Szenerie auf. Alles ist in ständiger Bewegung. Autos, Leute, Busse. Die Leute gehen in unterschiedlicher Geschwindigkeit, jeder im eigenen Tempo.

Und dann ist da noch die Geräuschkulisse. Eine beinahe melodische Abfolge von Taxihupen, dem leisen Brummen der Metro, der Leute, die lachen, reden oder singen, je nachdem, welche Musik sie gerade hören, und der Sirenen von Rettungswagen oder Feuerwehrfahrzeugen. Diese Choreografie von Geräuschen und Bewegung könnte einem chaotisch oder verstörend vorkommen. Aber das ist sie nicht. Sie hat eine symphonische Synergie, eine fein synchronisierte Ordnung, die fast so eingespielt funktioniert wie die wunderbare Arbeit eines kardiovaskulären Systems. Auch der visuelle Aspekt der Stadt trägt zu diesem Eindruck bei. Überall wimmelt es von Schildern, Anzeigetafeln und Hinweisen.

Mein Zahnarzt hielt oft mitten in einer der schwierigen Prozeduren inne, denen ich mich bei ihm unterziehen muss, und sagte: »Ich hätte besser Gerüstbauer werden sollen.« Er blickte dann ein wenig wehmütig aus dem Fenster zu dem Baugerüst an einem Gebäude. Das stand dort seit Jahren, obwohl die Bauarbeiten nicht ansatzweise begonnen hatten. Ich versuchte, nicht daran zu denken, dass mein Zahnarzt aus dem Fenster sah und nicht in meinen Mund. Oder daran, dass er lieber Gerüstbauer geworden wäre als Zahnarzt.

Die Symmetrie der meisten Straßen New Yorks, die im Schachbrettmuster angelegt sind, erleichtert es Leuten wie mir, sich nicht zu verirren. Ich kann mich überall verlaufen, sogar im Flugzeug. Wenn ich auf die Toilette gehe, fällt es mir danach schwer, meinen Sitzplatz wiederzufinden.

Auch die Geografie bereitet mir Schwierigkeiten. Mein Mann hat mir zahlreiche Landkarten von Europa aufgemalt, und dennoch frage ich ihn immer wieder, ob Italien eine Küste mit Kroatien teilt oder Hamburg in der Nähe von Ungarn liegt. Mein jetziger Psychoanalytiker – ich hatte drei – vermutet, meine Probleme mit der Geografie könnten damit zusammenhängen, dass meine Eltern in den Todeslagern der Nazis interniert waren und dass die

Landkarte Europas deshalb so chaotisch und verwirrend auf mich wirkt. Jahrelang habe ich mit dem Gedanken geliebäugelt, Hitler die Schuld an meinem geografischen Unvermögen zu geben. Aber wenn ich es recht bedenke, kann ich ihn eigentlich nicht dafür verantwortlich machen, dass ich mich im Hotel sofort verirre und den Weg zu meinem Sitz im Flugzeug nicht mehr finde.

Franz Hessel

Die Kunst, spazieren zu gehn

Diese altertümliche Fortbewegungsform auf zwei Beinen sollte gerade in unserer Zeit, in der es so viel andre zweckmäßigere Transportmittel gibt, zu einem besonders reinen zweckentbundenen Genuss werden. Zu deinen Zielen bringen dich die privaten und öffentlichen Benzinvulkane und andre Vehikel. Für deine Gesundheit magst du das sogenannte Footing machen, diese Art beschwingteren Exerzierens, bei dem man so damit beschäftigt ist, die Bewegungen richtig auszuführen und mit richtigem Atmen zu verbinden, dass man nicht dazu kommt, gemächlich nach rechts und links zu schauen. Spazierengehn ist weder nützlich noch hygienisch, es ist ein Übermut, wie – nach Goethe – das Dichten. Es ist wie jedes Gehen und mehr als jedes andre Gehen zugleich ein Sichgehenlassen: Man fällt von einem Fuß auf den andern und balanciert diesen Vorgang. Kindertaumel ist in unserm Gehen und das selige Schweben, das wir Gleichgewicht nennen.

Ich darf in diesen ›ernsten Zeiten‹ das Spazierengehn getrost empfehlen. Es ist wirklich kein spezifisch bürgerlich-kapitalistischer Genuss. Es ist ein Schatz der Armen und fast ihr Vorrecht. Gegen den zunächst berechtigt erscheinenden Einwand der Beschäftigten: »Wir haben keine Zeit, spazieren zu gehn!«, mache ich dem, der diese Kunst erlernen oder nicht verlernen möchte, den Vorschlag: Steige gelegentlich auf deinen Wegen eine Station vor dem Ziel aus dem Autobus oder Auto und ergehe dich ein paar Minuten. Wie oft bist du zu früh am Ziel und musst eine öde Wartezeit in Büros und Vorzimmern mit Zeitungslektüre und Ungeduld verbringen. Mach Ferien des Alltags aus solchen Minuten und flaniere ein Stück Wegs. In jedem von uns lebt ein heimlicher Müßiggänger, der seine leidigen Beweggründe bisweilen vergessen und sich grundlos bewegen will. Dem wird die Straße ein Wachtraum, Schaufenster sind ihm nicht Angebote, sondern Landschaften, Firmennamen, besonders die Doppelnamen mit dem so Verschiedenes verbindenden & in der Mitte, werden ihm mythologische Gestalten und Märchenpersonen, die Anschläge an Häusern und Hauseingängen kuriose, erheiternde oder grausige Abkürzungen des Lebens und Treibens. Keine Zeitung liest sich so spannend wie die leuchtende Wanderschrift, die dachentlang über Reklameflächen gleitet. Und das Verschwinden dieser Schrift, die man nicht zurückblättern kann wie ein Buch, ist ein augenfälliges Symbol der Vergänglichkeit – einer Sache, die der echte Genießer immer wieder gern eingeprägt bekommt, um die Wichtigkeit & Einzigkeit seines zwecklosen Tuns im Bewusstsein zu behalten.

Ich schicke dich zeitgenössischen Spaziergangsaspiranten nicht in fremde Gegenden und zu Sehenswürdigkeiten. Besuche deine eigne Stadt, spaziere in deinem Stadtviertel, ergehe dich in dem steinernen Garten, durch den Beruf, Pflicht und Gewohnheit dich führen. Erlebe im Vorübergehn die Geschichte von ein paar Dutzend Straßen. Beobachte ganz nebenbei, wie sie einander das Leben zutragen und wegsaugen, wie sie abwechselnd oder fortfahrend stiller und lebhafter, vornehmer und ärmlicher, kompakter und bröckliger werden, wie alte Gärten sich inselhaft erhalten oder von nachbarlichen Brandmauern bedrängt absterben. Erlebe, wie und wann die Straßen fieberhaft oder schläfrig werden, wo das Leben zum stoßweis drängenden Verkehr, wo es zum behaglich dränGelnden Betrieb wird. Lern Schwellen kennen, die immer stiller werden, weil immer seltener fremde Füße sie beschreiten und sie die bekannten, die täglich kommen, im Halbschlaf einer alten Hausmeisterin wiedererkennen. Und neben all diesem Bleibenden oder langsam Vergehenden bietet sich deiner Wanderschau und ambulanten Nachdenklichkeit die Schar der vorläufigen, provisorischen Baulichkeiten, der Abbruchsgerüste, Neubauzäune, der Bretterverschläge, die zu leuchtenden Farbflecken werden im Dienst der Reklame, zu Stimmen der Stadt, zu Wesen, die rufend und winkend auf dich einstürmen, während die alten Häuser von dir wegrücken. Und hinter den Latten, durch Lücken sichtbar, Schlachtfelder aus Steinen, widerstandslose Massen von Material, in welche eiserne Krane und stählerne Hebel greifen.

Verfolge *en passant* die Lebensgeschichte der Läden und der Gasthäuser. Lern das Gesetz, das einen abergläubisch machen kann, von den Stätten, die kein Glück haben, obwohl sie günstig gelegen scheinen, den Stätten, wo die Besitzer und die Art des Feilgebotenen immer wieder wechseln. Wie sie sich, wenn ihnen der Untergang droht, fieberhaft übertreiben, diese Läden, mit Ausverkauf, aufdringlichem Angebot und großgeschriebenen niedrigen Preisen! Wie viel Schicksal, Gelingen und Versagen kannst du von Warenauslagen und Speisekartenpreisen ablesen, ohne dass du durch Türen trittst und Besitzer und Angestellte siehst. Ja, was da liegt, hängt, zu lesen ist, sagt dir oft mehr als Worte und Benehmen der Menschen. Und da komm ich auf ein wichtiges Erlebnis des Spaziergängers: Er braucht nicht einzutreten, er braucht sich nicht einzulassen. Ihm genügen Schaufenster und das Schauspiel der Aus- und Eingänge. Von Aufschriften liest er das Leben ab. Und wenn er aufblickt und wegblickt von den Dingen, sagen ihm auch die Gesichter der vorübergehenden Unbekannten mit einmal mehr.

Es ist das unvergleichlich Reizvolle am Spazierengehn, dass es dich ablöst von deinem mehr oder weniger leidigen Privatleben. Du verkehrst, du kommunizierst mit lauter fremden Zuständen und Schicksalen. Das merkt der echte Spaziergänger an dem merkwürdigen Erschrecken, das er verspürt, wenn in der Traumstadt seines Flanierens ihm plötzlich ein Bekannter begegnet und er dann mit jähem Ruck wieder ganz einfach ein feststellbares Individuum ist.

Das Spazierengehn ist nur selten eine gesellige Angelegenheit wie etwa das Promenieren, das wohl früher einmal (jetzt nur noch in Städten, wo es eine Art Korso gibt) ein hübsches Gesellschaftsspiel, eine reizvolle theatralische oder novellistische Situation gewesen sein mag. Es ist gar nicht leicht, mit einem Begleiter spazieren zu gehn. Nur wenige Leute verstehen sich auf diese Kunst. Kinder, diese sonst in vielem vorbildlichen Geschöpfe, machen aus dem Spazieren ein Unternehmen mit heimlichen Spielregeln, sind so beschäftigt, beim Beschreiten des Pflasters das Berühren der Randflächen und sandigen Ritzen zu vermeiden, dass sie nicht aufschauen können; oder sie benutzen die Reihenfolge der Dinge, an denen sie vorbeikommen, zu seltsam abergläubischen Berechnungen, sie trödeln oder eilen, sie gehn nicht spazieren. Leute, die berufsmäßig beobachten, Maler und Schriftsteller, sind oft sehr störende Begleiter, weil sie ausschneiden und umrahmen, was sie sehn, oder es ausdeuten und umdeuten, auch zu plötzlich stehn bleiben, statt das Wanderbild wunschlos in sich aufzunehmen. Und so bist du echter Spaziergänger meist allein und musst dich hüten, zu der düstern Romanfigur zu werden, die ihr eignes Leben von den Häuserkulissen abliest, wenn sie mit melancholisch hallenden Schritten die Straße durchmisst, um dem Autor des Buches zur Exposition seiner Geschichte Gelegenheit zu geben.

Der richtige Spaziergänger ist wie ein Leser, der ein Buch nur zu seinem Zeitvertreib und Vergnügen liest – ein selten werdender Menschenschlag heutzutage, da die meisten Leser in falschem Ehrgeiz wie auch die Theaterbesucher sich für verpflichtet halten, ihr Urteil abzugeben (ach das viele Urteilen! Selbst die Kunstrichter sollten lieber weniger urteilen und mehr besprechen. Schön wär's, wenn Kritiker, was sie behandeln, besprechen könnten wie Zauberer die Krankheiten).

Also eine Art Lektüre ist die Straße. Lies sie. Urteile nicht. Finde nicht zu schnell schön und hässlich. Das sind ja alles so unzuverlässige Begriffe. Lass dich auch täuschen und verführen von Beleuchtung, Stunde und dem Rhythmus deiner Schritte.

Werde Menge. Schließ dich zeitweilig Umzügen an. Mach Aufläufe mit. Wenn gerade irgendwo Geschäftsschluss oder das Theater aus ist, so bleib ein Weilchen stehn, als erwartetest du jemanden. Solche gespielte Absicht entrückt dich nicht der schönen Zwecklosigkeit deines Tuns.

Bei langem Gehn bekommst du nach einer ersten Müdigkeit neuen Schwung. Dann trägt das Pflaster dich mütterlich, es wiegt dich wie ein wanderndes Bett. Und was du alles siehst in diesem Zustand angeblicher Ermattung! Was dich alles ansieht! Immer vertrauter wird mit dir die Straße. Sie lässt ihre älteren Zeiten durchschimmern durch die Schicht Gegenwart. Was kannst du da, sogar in unserem Berlin, erleben in gar nicht offiziell historischen Gegenden. Ich brauche dich nicht in den Krögel oder nach Altkölln zu schicken.

Noch einen Rat: Es empfiehlt sich, nicht ganz ziellos zu gehn. Du wunderst dich nach dem, was ich bisher gesagt habe, über diese Äußerung? Aber auch in dem *Aufs Geratewohl* gibt es einen Dilettantismus, der ungünstig ist. Beabsichtige, irgendwohin zu gelangen. Vielleicht kommst du in angenehmer Weise vom Wege ab. Aber der Abweg setzt immer einen Weg voraus. Wenn du unterwegs etwas ansehn willst, geh nicht zu gierig darauf los. Sonst entzieht es sich dir. Lass ihm Zeit, auch dich anzusehn. Es gibt ein Aug in Aug auch mit den sogenannten Dingen. Wohingegen es sich bei Menschen oft empfiehlt, sie ungesehen anzuschauen. Da geben sie ungewollt Leben her, das sie im streitbaren Treffen der Blicke verteidigend vorenthalten.

Da habe ich nun immer nur vom Spazieren in der Stadt gesprochen. Nicht von der merkwürdigen Zwischen- und Übergangswelt: Vorstadt, Weichbild, Bannmeile mit all ihrem Unaufgeräumten, Stehengebliebenen, mit den plötzlich abschneidenden Häuserreihen, mit Schuppen, Lagern, Schienensträngen, mit dem Laubhüttenfest der Schrebergärten. Aber da ist schon der Übergang zum Lande und zum Wandern. Und das Wandern ist wieder ein ganz andres Kapitel aus der Schule des Genusses. Schule des Genusses? Ja, in die müssten wir wieder gehn. Eine schwere Schule, eine holde und strenge Zucht. Am Ende aber gibt es sie gar nicht; und wenn man sie zu gründen versuchte, es käme ein schrecklicher *Ernst des Lebens* dabei heraus.

Robert Walser
Spazieren muss ich unbedingt

Der Herr Vorsteher oder Herr Taxator sagte: »Man sieht Sie aber immer spazieren!«

»Spazieren«, gab ich zur Antwort, »muss ich unbedingt, um mich zu beleben und um die Verbindung mit der lebendigen Welt aufrecht zu halten, ohne deren Empfinden ich keinen halben Buchstaben mehr schreiben und nicht das leiseste Gedicht in Vers oder Prosa mehr hervorbringen könnte. Ohne Spazieren wäre ich tot, und mein Beruf, den ich leidenschaftlich liebe, wäre vernichtet. Ohne Spazieren und Bericht-Auffangen könnte ich auch keinen Bericht mehr abstatten und nicht den winzigsten Aufsatz mehr, geschweige denn eine ganze lange Novelle verfassen. Ohne Spazieren würde ich ja gar keine Beobachtungen und gar keine Studien machen können. Ein so gescheiter und aufgeweckter Mann wie Sie darf und wird das augenblicklich begreifen. Auf einem schönen und weitschweifigen Spaziergang fallen mir tausend brauchbare nützliche Gedanken ein. Zu Hause eingeschlossen, würde ich elendiglich verkommen und verdorren. Spazieren ist für mich nicht nur gesund und schön, sondern auch dienlich und nützlich. Ein Spaziergang fördert mich beruflich und macht mir zugleich auch noch persönlich Spaß und Freude; er erquickt und tröstet und freut mich, ist mir ein Genuss und hat gleichzeitig die Eigenschaft, dass er mich zu weiterem Schaffen reizt und anspornt, indem er mir zahlreiche kleine und große Gegenständlichkeiten als Stoff darbietet, den ich später zu Hause emsig und eifrig bearbeite. Ein Spaziergang ist immer voll sehenswerter und fühlenswerter bedeutender Erscheinungen. Von Gebilden und lebendigen Gedichten, von Zaubereien und Naturschönheiten wimmelt es auf netten Spaziergängen meistens, und seien sie noch so klein. Naturkunde und Landeskunde öffnen sich reizvoll und anmutvoll vor den Sinnen und Augen des aufmerksamen Spaziergängers, der freilich nicht mit niedergeschlagenen, sondern mit offenen und ungetrübten Augen spazieren muss, wenn ihm der schöne Sinn und der heitere, edle Gedanke des Spazierganges aufgehen soll. Bedenken Sie, wie der Dichter verarmen und kläglich scheitern muss, wenn nicht die mütterliche und väterliche und kindlich schöne Natur ihn immer wieder von neuem mit dem Quell des Guten und Schönen erfrischt. Bedenken Sie, wie für den Dichter der Unterricht und die heilige goldene Belehrung, die er draußen im spielenden Freien schöpft, immer wieder von der größten Bedeutung sind. Ohne Spazieren und damit verbundene Naturanschauung, ohne diese ebenso liebliche wie ermahnungsreiche Erkundigung fühle ich mich wie verloren und bin es auch. Höchst liebevoll und aufmerksam muss der, der spaziert, jedes kleinste lebendige Ding, sei es ein Kind, ein Hund, eine Mücke, ein Schmetterling, ein Spatz, ein Wurm, eine Blume, ein Mann, ein

Haus, ein Baum, eine Hecke, eine Schnecke, eine Maus, eine Wolke, ein Berg, ein Blatt oder auch nur ein armes weggeworfenes Fetzchen Schreibpapier, auf das vielleicht ein liebes gutes Schulkind seine ersten ungefügen Buchstaben geschrieben hat, studieren und betrachten. Die höchsten und niedrigsten, die ernstesten und lustigsten Dinge sind ihm gleicherweise lieb und schön und wert. Keinerlei empfindsamliche Eigenliebe und Leichtverletzlichkeit darf er mit sich tragen. Uneigennützig und unegoistisch muss er seinen sorgsamen Blick überallhin schweifen und herumstreifen lassen; ganz nur im Anschauen und Merken der Dinge muss er stets fähig sein aufzugehen, und sich selber, seine eigenen Klagen, Bedürfnisse, Mängel, Entbehrungen hat er, gleich dem wackeren, dienstbereiten und aufopferungsfreudigen erprobten Feldsoldaten, hintanzustellen, gering zu achten und zu vergessen. Im andern Fall spaziert er nur mit halber Aufmerksamkeit und mit halbem Geist, und das ist nichts wert. Er muss jederzeit des Mitleides, des Mitempfindens und der Begeisterung fähig sein, und er ist es hoffentlich. Er muss in den hohen Enthusiasmus hinaufzudringen und sich in die tiefste und kleinste Alltäglichkeit herunterzusenken und zu neigen vermögen, und er kann es vermutlich. Treues, hingebungsvolles Aufgehen und Sichverlieren in die Gegenstände und eifrige Liebe zu allen Erscheinungen und Dingen machen ihn aber dafür glücklich, wie jede Pflichterfüllung den Pflichtbewussten glücklich und reich im Innersten macht. Geist, Hingabe und Treue beseligen ihn und heben ihn hoch über seine eigene unscheinbare Spaziergängerperson hinaus, die nur zu oft im Geruch und schlechten Rufe des Vagabundierens und unnützen Herumstreichens steht. Seine mannigfaltigen Studien bereichern und belustigen, besänftigen und veredeln ihn und streifen mitunter, so unwahrscheinlich das auch klingen mag, hart an exakte Wissenschaft, die dem scheinbar leichtfertigen Bummler niemand zutraut. Wissen Sie, dass ich hartnäckig und zäh im Kopfe arbeite und oft im besten Sinn tätig bin, wo es den Anschein hat, als ob ich ein gedankenlos und arbeitslos im Blauen oder im Grünen mich verlierender, saumseliger, träumerischer und träger, schlechtesten Eindruck machender Erztagedieb und leichtfertiger Mensch ohne Verantwortung sei? Geheimnisvoll und heimlich schleichen dem Spaziergänger allerlei schöne feinsinnige Spaziergangsgedanken nach, derart, dass er mitten im fleißigen, achtsamen Gehen innehalten, stillstehen und horchen muss, dass er über und über von seltsamen Eindrücken und bezaubernder Geistergewalt benommen und betreten ist und er das Gefühl hat, als müsse er plötzlich in die Erde hinabsinken oder als öffne sich vor seinen geblendeten, verwirrten Denker- und Dichteraugen ein Abgrund. Der Kopf will ihm abfallen, und die sonst so lebendigen Arme und Beine sind ihm wie erstarrt. Land und Leute, Töne und Farben, Gesichter und Gestalten, Wolken und Sonnenschein drehen sich wie Schemen rund um ihn herum, und er muss sich fragen: ›Wo bin ich?‹

Erde und Himmel fließen und stürzen mit einmal in ein blitzendes, schimmerndes, übereinanderwogendes, undeutliches Nebelgebilde zusammen; das Chaos beginnt, und die Ordnungen verschwinden. Mühsam versucht der Erschütterte seine gesunde Besinnung aufrecht zu halten; es gelingt ihm, und er spaziert vertrauensvoll weiter. Halten Sie es für ganz und gar unmöglich, dass ich auf einem weichen geduldigen Spaziergang Riesen antreffe, Professoren die Ehre habe zu sehen, mit Buchhändlern und Bankbeamten im Vorbeigehen verkehre, mit angehenden jugendlichen Sängerinnen und ehemaligen Schauspielerinnen rede, bei geistreichen Damen zu Mittag speise, durch Wälder streife, gefährliche Briefe befördere und mich mit tückischen ironischen Schneidermeistern wild herumschlage? Das alles kann vorkommen, und ich glaube, dass es in der Tat vorgekommen ist. Den Spaziergänger begleitet stets etwas Merkwürdiges, Gedankenvolles und Phantastisches, und er wäre dumm, wenn er dieses Geistige nicht beachten oder gar von sich fortstoßen würde; aber das tut er nicht; er heißt vielmehr alle sonderbaren, eigentümlichen Erscheinungen willkommen, befreundet und verbrüdert sich mit ihnen, weil sie ihn entzücken, macht sie zu gestaltenhaften wesenvollen Körpern, gibt ihnen Bildung und Seele, wie sie ihrerseits ihn beseelen und bilden. Ich verdiene mit einem Wort mein tägliches Brot durch Denken, Grübeln, Bohren, Graben, Sinnen, Dichten, Untersuchen, Forschen und Spazieren so sauer wie irgendeiner. Indem ich vielleicht die allervergnügteste Miene schneide, bin ich höchst ernsthaft und gewissenhaft, und wo ich weiter nichts als zärtlich und schwärmerisch zu sein scheine, bin ich ein solider Fachmann! Ich hoffe, dass alle diese eingehenden Aufklärungen Sie von meinen ehrlichen Bestrebungen überzeugen und Sie vollauf befriedigen.«

Der Beamte sagte: »Gut!«, und er fügte bei: »Ihr Gesuch betreffs Bewilligung möglichst niedrig zu veranschlagenden Steuersatzes werden wir näher prüfen und Ihnen diesbezüglich baldige abschlägige oder einwilligende Mitteilung machen. Für freundlich abgelegten Wahrheitsbericht und eifrig geleistete ehrliche Aussagen dankt man Ihnen. Sie dürfen einstweilen abtreten und Ihren Spaziergang fortsetzen.«

Auswege

»Und es bleibt einem kein anderer Ausweg als die Sanftmut. – Ausweg? – Weiterweg.«

Peter Handke

Michael Buselmeier

Lob der Landschaftsmalerei

Als die Häscher des Kaisers
in die Hütte eindrangen
sahen sie den Maler
auf einem Weg seines letzten
Bildes davonlaufen.

Eugen Roth

Ein Ausweg

Ein Mensch, der spürt, wenn auch verschwommen,
Er müsste sich, genau genommen,
Im Grunde seines Herzens schämen,
Zieht vor, es nicht genau zu nehmen.

Hans Magnus Enzensberger

Der Ausweg

Es gibt ihn nicht immer,
aber immerhin
öfter, als du gedacht hast.
Natürlich nur dann,
wenn du am Ende bist,
findest du sie,
die schmale heimliche Stelle,
das Schlupfloch, die Hintertür.

Auf der anderen Seite
stehst du geblendet im Freien.
Kaum zu glauben:
an diesem frisch gestrichenen Tag
steht die Geschichte still,
die alte Geschichte.
Niemand brüllt.
Bis zum nächsten Mal.

Robert Walser

Schüler und Lehrer

Ein Lehrer, den seine Schüler um seines lebhaften Wesens willen hochachteten und lieb hatten, ertappte eines Tages in der Stunde einen von denselben bei einer Schlingelei, worüber er außerordentlich zornig wurde. Der Schüler, der das Unglück hatte, seines Lehrers Unmut in so hohem Maß auf sich zu lenken, war bis dahin der Lieblingsschüler des Mannes gewesen, den er unvorsichtigerweise tief gekränkt hatte, aber von nun an war er in des Lehrers Augen ein Abscheuling, den derselbe Tag für Tag vor der ganzen Klasse grausam herabsetzte und erbärmlich verprügelte, eine Behandlung, die der Erzürnte dem armen Jungen versprach pünktlich und getreulich fortzusetzen. Zweifellos hatte der Lehrer einen persönlichen Hass auf ihn geworfen, und der Erwachsene ging hierin dem Kleinen gegenüber zu weit. Der Knabe, der sich so urplötzlich aus dem weichen Sitz des Wohlwollens auf die harte Bank der Ungnade herabgeworfen und sich so unvermutetermaßen vom gepriesenen Schüler in einen notorischen Bösewicht verwandelt sah, wusste sich nicht zu helfen. Nachdem er indessen durch Wochen so tapfer, als er vermochte, das traurige Los eines gesunkenen Bevorzugten und die damit verbundene grausame und verachtungsvolle Behandlung ertragen hatte, griff er eines Tages, vom Bedürfnis gedrängt, eine

Veränderung der schier unerträglichen Lage herbeizuführen, zur Feder und schrieb an seinen grimmigen Verfolger und Peiniger Folgendes: »Ich kann mich, da ich meinen lieben Eltern kein Geständnis machen darf, weil ich ihnen nicht zu den vielen Sorgen, die sie haben, noch eine neue bereiten will, an niemand anderes als an Sie selber wenden, um zu versuchen, ob es mir möglich sei, wieder einige Gunst von Ihnen zu erlangen. Vielleicht wird dieser Brief Sie veranlassen, aufzuhören, mich mit Schmach zu bedecken. Da ich, wie ich bereits sagte, meinen Eltern mein Leid nicht klagen kann, so klage ich es Ihnen. Da ich diejenigen nicht bitten will, mich in Schutz zu nehmen, die mich lieben, so trage ich die Bitte dem vor, der mich hasst und an mir seinen Zorn auslässt. Also bitte ich den um Schutz, dem ich schutzlos preisgegeben zu sein scheine, und ersuche den um Schonung, der, weil er sich durch mein Betragen beleidigt fühlt, schonungslos mit mir verfährt. Ich habe den Mut, wie Sie sehen, dem mein Leid zu klagen, der es mir zufügt, und dem meinen Schmerz anzuvertrauen, der ihn verursacht. An der Schule habe ich keine Freude mehr.« Der Lehrer, dem der Inhalt des Briefes allerlei zu betrachten und zu bedenken gab, verhielt sich gegenüber dem Schüler von da an wieder milder.

Ludwig Hohl
271

Gehen, gehen …

– aber *vorwärts* gehen, nicht die ausgetretenen Wege. »Ausgetretenen«, d. h. Wege, die nichts mehr geben, die nicht mehr weiterführen, sondern im Kreise herum, immer demselben Kreise.

Gibt es aber keine andere Möglichkeit, so gehe in diesem Kreise herum; es ist noch besser als nichts, noch von dem Möglichen das Beste. Das weiß jeder Gefangene in seiner Zelle. – Nur beginnt dann da noch sich hervorzutun, nach und nach, jenes Gesetzlein von der physiologischen Grenze …

Brian Sewell

Mr B rettet ein Eselfohlen

Mr B, ein drahtiger kleiner Mann von fünfzig Jahren mit weißem Haar, saß auf dem Rücksitz eines großen weißen Landrover, als er den Esel sah. Es war früher Abend, und der dichte Feierabendverkehr in Peschawar bewegte sich nur im Schneckentempo vorwärts – was auch gut war, denn Mr B öffnete plötzlich die Tür, sprang auf die Straße und verschwand ohne ein Wort zwischen den Karren und Lieferwagen, den Bussen und Motorrädern.

Seine Gefährten, ein Fernsehteam aus London – denn Mr B war im nördlichen Pakistan, um einen Film über die Vorgeschichte dieses Landes zu drehen –, waren überrascht. Dominic, der Jüngste und Unwichtigste, aber auch der Größte und Gelenkigste von ihnen, besaß die Geistesgegenwart, ebenfalls aus dem Auto zu springen und Mr B hinterherzulaufen. Sie mochten Mr B nicht besonders. Er nahm seine Arbeit ernst und wusste eine Menge über antike Geschichte, aber er begriff nicht, dass sein Wissen bei der Produktion von Fernsehdokumentationen niemanden interessierte und dass er als Moderator lediglich die Marionette des Regisseurs und des Kameramanns war.

Bereits zwei Tage nach der Ankunft in Pakistan sprachen sie kaum noch miteinander. Der Kameramann wollte nur die bunt bemalten Laster und Transporter filmen, die unablässig vorbeidonnerten, besetzt mit Passagieren, die sich an allem festhielten, was sich ihren Händen oder Füßen bot. Wenn ihnen ein Büffel oder ein Kamel über den Weg lief, befahl der Regisseur Mr B sofort, auf dessen Rücken zu klettern; außerdem nötigte man ihn, das Essen von allen möglichen Straßenständen zu kosten und auf diversen Musikinstrumenten zu spielen. Mr B hingegen, der wusste, dass zweitausenddreihundert Jahre zuvor Alexander der Große, der ruhmreichste Held der Geschichte der griechischen Antike, seine Armeen den ganzen weiten Weg von Mazedonien nach Pakistan geführt hatte, wollte erforschen, ob in der heutigen Sprache, Kultur und Tradition noch immer Spuren dieser Eroberung existierten. Vor allem aber hätte er gerne in den abgelegeneren Regionen des Hindukusch einen stolzen pakistanischen Krieger gefunden, der in der Lage war, sich mit ihm auf Altgriechisch zu unterhalten. Doch in den vergangenen zwei langen Wochen hatte man Mr B nicht gestattet, etwas in der Art zu finden, und mittlerweile platzte er beinahe vor Ärger und Enttäuschung.

Allein dass sie ihn Mr B nannten, zeigte schon, welche Kluft sich zwischen ihnen aufgetan hatte. Da sie höchst unfreundliche Gefühle für ihn hegten, wollten sie seinen Vornamen nicht benutzen, und ihn mit dem Nachnamen anzusprechen, hätte womöglich den Schluss nahegelegt, dass sie ihm wegen seines Wissens großen Respekt entgegenbrachten, was nun wirklich nicht zutraf. Es war der junge Dominic – der ihn tatsächlich mochte und respektierte und sehr gut verstand, wie schmerzhaft es für ihn sein musste, zuzusehen, wie der Film, den er sich vorgestellt hatte, sich zusehends in Luft auflöste –, der ihn als Erster mit Mr B angeredet hatte, und die anderen hatten es dann übernommen. Ihn Mr B zu nennen, war nicht offen feindselig, aber es zeugte von einer gewissen Distanz, und Dominic gelang es, diese glaubwürdig zugetan wirken zu lassen.

Als Dominic Mr B eingeholt hatte, stand dieser neben einem kleinen Esel, hatte den Arm um dessen Hals gelegt und tupfte mit seinem Taschentuch das Blut von vier tiefen Wunden im Rücken des Tieres. Sie stammten von einer Art Sattel aus Weidenruten, der in Pakistan verwendet wird, um eine ebene Ladefläche für die gewaltigen Lasten zu haben, die die Esel dort häufig tragen müssen. Doch dieser Esel, das sah Dominic sofort, war noch viel zu jung zum Arbeiten. Außerdem sah Dominic, dass Mr B mächtig wütend war. »Ich wette, die Kleine ist noch nicht mal ein halbes Jahr alt. Vielleicht wird sie sogar noch von ihrer Mutter gesäugt. Jeder Dummkopf kann sehen, dass ihre Knochen und Gelenke noch nicht ausgewachsen sind!«

In diesem Moment kamen der dicke Regisseur und der Kameramann schwitzend und keuchend angelaufen. Dominic erklärte die Situation. »Lassen Sie den Esel und steigen Sie wieder ins Auto«, verlangte der Regisseur. »Nicht ohne die Eselin«, sagte Mr B. »Ich kann und werde sie nicht einfach hier zurücklassen.« Während sie stritten, wurden ihre Stimmen immer lauter, und um sie herum bildete sich ein Ring aus verständnislosen Zuschauern. Es wäre vernünftig gewesen, die kleine Eselin ihrem Schicksal zu überlassen und nach Islamabad weiterzufahren, von wo sie am nächsten Tag nach London zurückfliegen würden, doch Mr B war kein vernünftiger Mann – im Gegenteil, wenn man ihn provozierte, konnte er ausgesprochen unvernünftig sein. »Wir fahren ohne Sie«, drohte der dicke Regisseur. »Nur zu«, erwiderte Mr B erstaunlich klar und entschlossen. Der Kameramann nahm seinen Arm, doch Mr B schüttelte ihn ab. »Was werden Sie tun, wenn wir Sie hier zurücklassen?«, fragte Dominic leise. »Zu Fuß nach Hause gehen«, sagte Mr B. »Mit der Eselin.« Und er lächelte übers ganze Gesicht.

Eine ganze Stunde lang rangen sie miteinander, und die Menge, die sich langweilte, weil niemand zu Tode kam oder auch nur verletzt wurde, löste sich auf, bis nur noch Mr B und das Fernsehteam zurückblieben. Es wurde dunkel, doch nicht einmal die abendliche Kälte konnte Mr Bs Entschlossenheit etwas anhaben. Schließlich holte Dominic Mr Bs Gepäck aus dem Auto und half ihm, nur das Nötigste davon in einen kleinen, bequemen Rucksack zu packen, der Mr B schon auf vielen Reisen und Wanderungen begleitet hatte: seinen Waschbeutel, eine Nagelschere, ein noch unbenutztes Notizbuch, ein paar Stifte und Kleider, die ihn warm und trocken halten würden. Dominic dachte auch daran, Mr B seinen

Schirm zu bringen – und das war kein gewöhnlicher Schirm. Er bestand aus festem weißem Leinen, einem sorgsam verarbeiteten Metallgestänge und einem schweren, auch zum Wandern verwendbaren Holzstock, und er hatte ihn sich zehn Jahre zuvor nur einen Steinwurf vom British Museum entfernt anfertigen lassen, von der Firma James Smith und Söhne (und Enkel und Urenkel und so weiter, denn ihren ersten Schirm hatten sie im Jahr 1830 hergestellt, dem Jahr, als Wilhelm IV. auf den Thron kam). Der Stoff war nicht mehr weiß, denn dieser Schirm hatte bereits die Sahara und ihre Sandstürme erlebt, als Mr B dort nach Spuren prähistorischer menschlicher Besiedlung gesucht hatte, und er war mit ihm in Pompeji und im hintersten Winkel Siziliens gewesen, ja, im Grunde überall zwischen Barcelona und Bagdad, und er hatte sich als der Rolls-Royce aller Schirme erwiesen.

»Was sollen wir den Leuten sagen, wenn wir wieder in London sind?«, fragte der Regisseur, der immer noch nicht recht glauben mochte, dass sich ihre Wege hier trennten.

»Die Wahrheit: dass ich eine kleine Eselin gefunden habe und mit ihr zu Fuß nach Hause gehe.«

»Sie sind verrückt«, sagte der Regisseur.

»Mag sein«, sagte Mr B. »Aber es ist eine anständige Art von Verrücktheit, zu der Sie nicht fähig sind. Wir sehen uns dann in einem Jahr oder so.«

Worauf der Regisseur schroff erwiderte: »Von mir aus

können Sie bleiben, wo der Pfeffer wächst. Sie und ihr verdammter Esel.«

Dominic, der als Letzter zum Landrover zurückging, umarmte Mr B zum Abschied und flüsterte: »Ich sage dem Außenministerium Bescheid – und natürlich Mrs B.«

Mascha Kaléko

Für Chemjo zu Pessach 1944

Wir haben das Schweben verlernt,
Weh uns, wir kleben am Weg.

Vom Leuchten der Sterne entfernt,
Die Flügel gesenkt und träg,
So trotten die Füße ergeben.

Ach, Liebster, bevor es zu spät,
Versuchen wir's, uns zu erheben.

Quellenverzeichnis

Isabel Allende (geb. 1942 in Lima, Peru), chilenisch-US-amerikanische Schriftstellerin
Die Gemeinschaft von Kibison*. Aus: Isabel Allende, Was wir Frauen wollen. Aus dem Spanischen von Svenja Becker. © der deutschen Ausgabe Suhrkamp Verlag AG, Berlin, 2021

Rose Ausländer (1901 in Czernowitz, Österreich-Ungarn – 1988 in Düsseldorf), aus der Bukowina stammende deutsch- und englischsprachige Lyrikerin
Unendlich. Aus: Rose Ausländer, Wieder ein Tag aus Glut und Wind. Gedichte 1980-1982. © S. Fischer Verlag GmbH, Frankfurt am Main 1986

Peter Bichsel (geb. 1935 in Luzern), Schweizer Schriftsteller
Wahre Geschichten. In: Peter Bichsel, Im Winter muss mit Bananenbäumen etwas geschehen. Geschichten für die kalte Jahreszeit. Hg. v. Adrienne Schneider. © Insel Verlag Anton Kippenberg GmbH & Co. KG, Berlin, 2021

Bertolt Brecht (1898 in Augsburg – 1956 in Ost-Berlin)
Alles wandelt sich. Aus: Bertolt Brecht, Die Gedichte. Hg. v. Jan Knopf. © 2007, Bertolt-Brecht-Erben und Suhrkamp Verlag AG, Berlin

Lily Brett (geb. 1946 in Feldafing), australisch-amerikanische Schriftstellerin
Geografische Zwischenfälle; Zu Fuß unterwegs. Aus: Lily Brett, Alt sind nur die anderen. Aus dem amerikanischen Englisch von Melanie Walz. © der deutschen Ausgabe Suhrkamp Verlag AG, Berlin, 2020

Michael Buselmeier (geb. 1938 in Berlin)
Lob der Landschaftsmalerei. Aus: Michael Buselmeier, Radfahrt gegen Ende des Winters. Gedichte. © 1982, Suhrkamp Verlag AG, Berlin

Sigrid Damm (geb. 1940 in Gotha)
Alleinsein als Kostbarkeit*; Die Initialzündung*. Aus: Sigrid Damm, Wandern – ein stiller Rausch. © dieser Ausgabe: Insel Verlag Anton Kippenberg GmbH & Co. KG, Berlin, 2020

Hilde Domin (1909 in Köln – 2006 in Heidelberg)
Neue Wege. Aus: Hilde Domin, Sämtliche Gedichte. Hg. v. Nikola Herweg u. Melanie Reinhold. Mit einem Nachwort von Ruth Klüger. © S. Fischer Verlag GmbH, Frankfurt am Main 2009

Hans Magnus Enzensberger (1929 in Kaufbeuren – 2022 in München)
Der Ausweg. Aus: Hans Magnus Enzensberger, Die Geschichte der Wolken. 99 Meditationen. © 2003, Suhrkamp Verlag AG, Berlin; Über die Unbelehrbarkeit derer, die Edikte erlassen. Aus: Hans Magnus Enzensberger, Fallobst. Nur ein Notizbuch. © Suhrkamp Verlag AG, Berlin, 2019

Elena Ferrante, italienische Schriftstellerin
Scharfe Schnitte. Aus: Zufällige Erfindungen. Aus dem Italienischen von Karin Krieger. © der deutschen Ausgabe Suhrkamp Verlag AG, Berlin, 2021

Robert Frost (1874 in San Francisco, Kalifornien – 1963 in Boston), US-amerikanischer Lyriker
Der unbegangene Weg. Aus: Paul Celan, Gesammelte Werke in sieben Bänden. Bd. 5: Übertragungen II. © 1983, Suhrkamp Verlag AG, Berlin (The Road Not Taken. Aus: Robert Frost, Mountain Interval. New York: Henry Holt 1916)

Durs Grünbein (geb. 1962 in Dresden)
Psyche läuft. Aus: Durs Grünbein, Zündkerzen. Gedichte. © Suhrkamp Verlag AG, Berlin, 2017

Peter Handke (geb. 1942 in Griffen/Kärnten), österreichischer Schriftsteller und Übersetzer, 2019 mit dem Nobelpreis für Literatur ausgezeichnet
Gehsegen*. Aus: Peter Handke, Die Abwesenheit. Ein Märchen (1987). In: Handke Bibliothek I. Bde. 1-9. Prosa, Gedichte, Theater-

stücke. Bd. 3: Prosa 3. © dieser Ausgabe Suhrkamp Verlag AG, Berlin, 2018
Die Motti von Peter Handke auf den Seiten 10, 66, 128 und 150 stammen aus seinem Journal *Innere Dialoge an den Rändern. 2016-2021.* © 2022 Jung & Jung KG, Salzburg. Das zweite Motto von Peter Handke auf S. 128 stammt aus: *Vor der Baumschattenwand nachts. Zeichen und Anhänge von der Periphrase 2007-2015.* © 2016 Jung & Jung KG, Salzburg

Hermann Hesse (1877 in Calw – 1962 in Montagnola, Schweiz), deutschschweizerischer Schriftsteller, Dichter und Maler, 1946 mit dem Nobelpreis für Literatur ausgezeichnet
Lindenblüte. Aus: Hermann Hesse, Sämtliche Werke. Hg. v. Volker Michels. Bd. 13: Betrachtungen und Berichte I. 1899-1926. © 2003, Suhrkamp Verlag AG, Berlin; Im Nebel, Weg nach Innen. Aus: Hermann Hesse, Sämtliche Werke. Hg. v. Volker Michels. Bd. 10: Die Gedichte. Bearb. v. Peter Huber. © 2002, Suhrkamp Verlag AG, Berlin

Franz Hessel (1880 in Stettin – 1941 in Sanary-sur-Mer)
Die Kunst, spazieren zu gehen. Aus: Franz Hessel, Ermunterungen zum Genuß sowie Teigwaren leicht gefärbt und Nachfeier. Die »kleine Prosa« 1926-1933. Mit einem Avant-propos von Walter Benjamin. Hg. u. mit einem Nachwort v. Peter Moses-Krause. Das Arsenal, Berlin, 1999

Ludwig Hohl (1904 in Netstal, Schweiz – 1980 in Genf), Schweizer Schriftsteller
271. Aus: Ludwig Hohl, Vom Erreichbaren und vom Unerreichbaren. © 1972, Suhrkamp Verlag AG, Berlin

Erling Kagge (geb. 1963 in Oslo), norwegischer Verleger, Autor, Jurist, Kunstsammler und Abenteurer
Das große Geheimnis*; Maria*. In: Erling Kagge, Gehen. Weiter gehen. Eine Anleitung. Aus dem Norwegischen von Ulrich Sonnenberg. © der deutschen Ausgabe Insel Verlag Anton Kippenberg GmbH & Co. KG, Berlin, 2018

Mascha Kaléko (1907 in Chrzanów/Galizien, Österreich-Ungarn – 1975 in Zürich)
Für Chemjo zu Pessach 1944. Aus: Mascha Kaléko, Die paar leuchtenden Jahre. Hg. v. Gisela Zoch-Westphal. © 2003 dtv Verlagsgesellschaft, München. Mit freundlicher Genehmigung von dtv Verlagsgesellschaft mbH & Co. KG

Marco Lodoli (geb. 1956 in Rom), italienischer Schriftsteller
Es genügt, eine Seitenstraße zu beschreiten*. Aus: Marco Lodoli, Unter dem blauen Himmel Roms. Neue Streifzüge durch die Ewige Stadt. Aus dem Italienischen von Gundl Nagl. © der deutschen Ausgabe Insel Verlag Anton Kippenberg GmbH & Co. KG, Berlin, 2016

Antonio Machado (1875 in Sevilla/Andalusien – 1939 in Collioure, Südfrankreich), spanischer Lyriker
Der Wanderer. Aus: Antonio Machado, Campos de Castilla/Kastilische Landschaften. Gedichte 1907-1917. Spanisch und deutsch. Hg. u. übertr. v. Fritz Vogelgsang. Ammann Verlag & Co, Zürich 2001

Katherine May, englische Autorin und Podcasterin
Eine Bewährungsprobe*. Aus: Katherine May, Überwintern. Wenn das Leben innehält. Aus dem Englischen von Marieke Heimburger. © der deutschen Ausgabe Insel Verlag Anton Kippenberg GmbH & Co. KG, Berlin, 2021

Robert Moor, amerikanischer Journalist und Autor
Existenzielle Wegesucher*; Das reine Gehen*; Warum wandern wir?* Aus: Robert Moor, Wo wir gehen. Unsere Wege durch die Welt. Aus dem amerikanischen Englisch von Frank Sievers. © der deutschen Ausgabe Insel Verlag Anton Kippenberg GmbH & Co. KG, Berlin, 2020

Christian Morgenstern (1871 in München – 1914 in Untermais/Tirol, Österreich-Ungarn)
An den andern. Aus: Christian Morgenstern, Gedichte in einem Band. Hg. v. Reinhardt Habel. Insel Verlag Frankfurt am Main und Leipzig, 2004

Cees Nooteboom (geb. 1933 in Den Haag), niederländischer Schriftsteller
Der Wendepunkt (2004). Aus: Cees Nooteboom, Gesammelte Werke. Bd. 10: Prosa 2008-2015. Aus dem Niederländischen von Helga van Beuningen. Hg. v. Susanne Schaber. © für die Gesammelten Werke: Suhrkamp Verlag AG, Berlin, 2017

Hanns-Josef Ortheil (geb. 1951 in Köln)
Blumen pflücken. Aus: Hanns-Josef Ortheil, Unterwegs im Westerwald. © Insel Verlag, Anton Kippenberg GmbH & Co. KG, Berlin, 2022

Erika Pluhar (geb. 1939 in Wien), österreichische Schauspielerin, Sängerin und Schriftstellerin
Mehr denn je. Aus: Erika Pluhar, Meine Lieder. © Insel Verlag Anton Kippenberg GmbH & Co. KG, Berlin, 2019

Rainer Maria Rilke (1875 in Prag, Österreich-Ungarn – 1926 Valmont bei Montreux, Schweiz), österreichischer Lyriker deutscher und französischer Sprache
Notizen zur Melodie der Dinge. Aus: Rainer Maria Rilke. Sämtliche Werke. Fünfter Band. Hg. v. Rilke-Archiv in Verbindung mit Ruth Sieber-Rilke. Bes. v. Ernst Zinn. Insel-Verlag, Frankfurt am Main 1965

Eugen Roth (1895 in München – 1976 in München)
Ein Ausweg. Aus: Eugen Roth, Sämtliche Werke. Erster Band: Heitere Verse. Carl Hanser Verlag, München und Wien 1977. © Dr. Thomas Roth, München. Abdruck mit freundlicher Genehmigung

Brian Sewell (1931 in London – 2015 in London), englischer Kunstkritiker und Kolumnist
Mr B rettet ein Eselfohlen. Aus: Brian Sewell, Pawlowa oder Wie man eine Eselin um die halbe Welt schmuggelt. Roman. Aus dem Englischen von Claudia Feldmann. © der deutschen Ausgabe Insel Verlag Anton Kippenberg GmbH & Co. KG, Berlin, 2017

Andrzej Stasiuk (geb. 1960 in Warschau), polnischer Essayist, Poet, Autor, Journalist, Herausgeber und Literaturkritiker
Last Call. Aus: Andrzej Stasiuk, Beskiden-Chronik. Nachrichten aus Polen und der Welt. Aus dem Polnischen von Renate Schmidgall. © der deutschen Ausgabe Suhrkamp Verlag AG, Berlin, 2020

Eva Strittmatter (1930 in Neuruppin – 2011 in Berlin)
Anbeginn. Aus: Eva Strittmatter, Sämtliche Gedichte, Erw. Neuausgabe, Aufbau Verlag, Berlin 2015. © Aufbau Verlage GmbH & Co. KG Berlin 1975, 2015 (Das Gedicht erschien erstmals 1975 in Eva Strittmatters Gedichtband »Mondschnee liegt auf den Wiesen« im Aufbau-Verlag, Berlin und Weimar.)

David Van Reybrouck (geb. 1971 in Brügge/Flandern), flämisch sprechender belgischer Autor, Historiker und Archäologe
Ode an das Wiedersehen. Aus: David Van Reybrouck, Oden. Aus dem Niederländischen von Waltraud Hüsmert. © der deutschen Ausgabe Insel Verlag Anton Kippenberg GmbH & Co. KG, Berlin, 2019

Robert Walser (1878 in Biel, Schweiz – 1956 in Herisau, Schweiz), Schweizer Schriftsteller
Schüler und Lehrer. Aus: Robert Walser, Werke. Berner Ausgabe. Hg. v. Lucas Marco Gisi, Reto Sorg, Peter Stocker u. Peter Utz, im Auftrag der Robert Walser-Stiftung Bern. Bd. 12: Prosastücke. Hg. v. Lucas Marco Gisi, Reto Sorg, Peter Stocker u. Peter Utz. © Suhrkamp Verlag AG, Berlin, 2019; Spazieren muss ich unbedingt*. Aus: Robert Walser, Werke. Berner Ausgabe. Bd. 14: Der Spaziergang. Hg. v. Lukas Gloor, Reto Sorg und Irmgard Wirtz. © Suhrkamp Verlag AG, Berlin, 2020

Chris Yates (geb. 1948 in Epsom/Surrey), englischer Angler, Fotograf, Rundfunksprecher, Tee-Connaisseur und Autor
Lichtkanten; Das Unbekannte. Aus: Chris Yates, Nachtwandern. Eine Reise in die Natur. Aus dem Englischen von Frank Sievers. © der deutschen Ausgabe Insel Verlag Anton Kippenberg GmbH & Co. KG, Berlin, 2019

* Alle mit einem Stern gekennzeichneten Titel stammen von der Herausgeberin.

Geschichten,
die Glücksgefühle auslösen

Was macht uns glücklich? Glücklich macht, wenn wir der schlechten Laune ein Schnippchen schlagen, dem Trübsinn die lange Nase zeigen oder ein Unglück abwenden konnten. Wenn wir plötzlich der Liebe begegnen – und die Liebe bleibt. Wenn Freunde Freunde sind, wenn man sie am nötigsten hat. Wenn Wildfremde einem lächelnd helfen. Wenn man für Augenblicke in seine Kindheit und Jugend zurückkehren kann. Wenn auf einmal so ein Tag ist, an dem man die ganze Welt umarmen könnte. Wenn das Wunder dann doch passiert ...
Genau hiervon – von den schönsten Momenten des Glücks – erzählen in diesen Geschichten: Isabel Allende, Elizabeth von Arnim, Jurek Becker, Peter Bichsel, Lily Brett, Eva Demski, Max Frisch, Robert Gernhardt, Hermann Hesse, Alexander Kluge, Cees Nooteboom, Amos Oz, Daniel Picouly und viele andere.

Geschichten, die glücklich machen. Ausgewählt von Clara Paul. insel taschenbuch 4296. 255 Seiten

NF 230/1/09.14

»Zupf dir ein Wölkchen aus dem Wolkenweiß …«

Es gibt Gedichte, die einen nicht mehr loslassen und über die Jahre begleiten oder plötzlich wieder aus der Erinnerung aufsteigen und einen mit Sehnsucht anstecken – viele von ihnen sind hier versammelt: die Gedichte, auf die man nicht mehr verzichten möchte, und die, auf die man nach dem ersten Lesen einfach nicht mehr verzichten kann:
Gedichte, deren Lebenslust und Fröhlichkeit sich unmittelbar auf einen übertragen; übermütige, verspielte Liebeserklärungen an das Leben und die Welt; zärtliche, traurig-schöne Gedichte, die versonnen der Erinnerung an den unwiederbringlichen Augenblick hingegeben sind; beglückend-tröstliche Gedichte, die man vor sich hinflüstert, wenn man der Ermutigung bedarf; Gedichte, denen ein Zauber innewohnt, »der uns beschützt und der uns hilft zu leben«.
Mit Gedichten von Ilse Aichinger, Rose Ausländer, Elisabeth Borchers, Bertolt Brecht, Mascha Kaléko, Rainer Maria Rilke, Joachim Ringelnatz, Peter Rühmkorf, Eva Strittmatter, Kurt Tucholsky und vielen anderen.

Gedichte, die glücklich machen. Ausgewählt von Clara Paul. insel taschenbuch 4297. 187 Seiten

NF 231/1/09.14